暮らしも着こなしも大人カッコイイ!

ずっと美しい人の
おしゃれスタイル

31 STYLES

SHUEISHA

contents

01 松田啓子 …… 006
オフィスM.H.MATSUDA代表

02 浅田美代子 …… 014
女優

03 くればやしよしこ …… 020
モデル

04 ひびのこづえ …… 024
コスチューム・アーティスト

05 岡田美里 …… 028
ブランディングアドバイザー

06 堀越希実子 …… 032
十二代目市川團十郎夫人

07 桐生洋子 …… 036
古道具・器 きりゅう 店主

08 伊佐山ひろ子 …… 040
女優

09 ケイティー恩田 …… 044
トータルライフ・コーディネーター

10 田島 曉 …… 048
テキスタイルデザイナー

11 下重暁子 …… 052
作家

12 音無美紀子 …… 056
女優

13 大宅映子 …… 060
評論家
(公財)大宅壮一文庫理事長

14 西田敬子 …… 064
主婦

15 杏子 …… 070
アーティスト

16 室井 滋 …… 074
女優・エッセイスト

17 大石敦子 …… 078
ライフスタイル・ナビゲーター

18 中村裕子 …… 082
NYパワーハウス代表

19 加藤タキ …… 086
コーディネーター

20 今野政代 …… 090
フラワーデザイナー
(株)ベル・フルール代表取締役会長

21 内田裕子 …… 094
料理教室主宰
テーブルコーディネーター

22 横山恵美子 …… 098
チャーリー役員

23 野中しげよ …… 102
会社経営

24 藤原美智子 …… 106
ヘア・メイクアップアーティスト

25 土屋眞弓 …… 110
モデリングオフィスAMA
代表取締役

26 藤縄智子 …… 114
ジュエリーショップ
自由が丘クーゲ経営

27 町田淑江 …… 118
ザ・ギンザ広報

28 浅香純子 …… 122
Say若創り学教室主宰

29 山井自子 …… 126
t.yamai parisブランドデザイナー

30 小林千枝子 …… 130
一級建築士

31 宮田喜代美 …… 134
ホテル クアビオ オーナー

(敬称略)

prologue

1996年に発刊された秦早穂子さんの著書
『おしゃれの平手打ち』は衝撃的なタイトルだった。
女性であるからにはわれわれは程度の差こそあれ、
何を身にまとうか、に無関心ではいられない。
おしゃれとは?
おしゃれの定義は誰が決めるのか?
どうしたらおしゃれになれるのか?
私たちは一生このテーマを追い求めつづけている
と言っても過言ではない。
たかが おしゃれ、されど おしゃれ だからである。
今回登場する31人のマダムたちは、
この一生のテーマに31通りの回答を見せてくれている。
暮らしぶりもおしゃれも、長い歴史を積み重ね、
さまざまな経験を経ての今、があるからだ。
これは「もっと素敵になりたい」と切に願う私たちへ
マダムたちからの贈り物。

松田啓子

オフィスM.H.MATSUDA代表

窓が大きく開放感のあるリビングで。ウエストを絞ったワンピースはアライア。革のサイハイブーツはリック・オウエンス。年齢にかかわらず、これだけモードな着こなしができる日本女性はまれ。体型維持の秘訣は糖質制限と、月2回のペースで通っている筋膜リンパマッサージだそう。

hair & make-up:Izumi Kamabayashi　text:Kyoko Hiraku

01

大好きなアライアを着るために体型を維持しています

まつだ・ひろこ

東京デザイナーズブランドの草分け「ニコル」を創立者であるご主人の松田光弘氏とともに支えてきた、陰の立役者。現在は松田氏のアーカイブを管理し、功績を伝えている。ファッションに注ぐ情熱と、子どもの頃からの収集癖は変わらず。今でも「好きなものと目が合うとつい買ってしまう」そう。

1970 青山キラー通りのブティック「ニコル」のショップスタッフになる

1973 松田光弘氏と結婚

1974 メンズライン「ムッシュ ニコル」を担当

1982 「MATSUDA NY」設立。現地副社長として渡米

2008 松田光弘氏死去

2010 アーカイブを管理する「オフィスM.H.MATSUDA」設立

ジュエリーはほとんどがゴールド。カルティエのブレスレットやブルガリのスネークの腕時計を長年愛用している。

アールデコの影響を感じさせるヴィンテージのバッグたち。小さな象は高田賢三さんのプーケットの別荘に行ったときに購入。

ボリュームブレスレットもたくさん。メタル製はプーケットで。ウッディな2点はモニクというパリのブランドのもの。

カラフルなボリュームネックレスはパリのマルシェでアフリカ人からまとめて大人買い。カエルは中東の方からのいただき物。

黒い服にアクセサリーで変化をつける

東京ファッションの黎明期1970年代。青山キラー通りに伝説のブティック「ニコル」があった。そこが松田啓子さんのおしゃれ人生の始まり。

松田光弘氏との出会い

「外観がブルーのタイル張りで、内装もブルー。ステンドグラスがあって、こんなに暗くていいのかしら、と思うようなお店でした」

啓子さんはここでデザイナーの松田光弘氏に出会い、'73年に結婚する。

川久保玲や山本耀司がパリ・コレに出始めた80年代。ニコルは「MATSUDA」のブランドネームでNYに進出。その頃、青山の「ムッシュ ニコル」の店を任されていた啓子さんは、マディソン通りにできたMATSUDAの店に移った。

六本木の大中で購入したという中国のついたての前で。黒のワンピースはコム デ ギャルソン。「川久保さんはアーティスト。作りたいものを作るという姿勢が素晴らしい。斬新な発想にも惹かれます」

髪型はNY時代の同胞、カリスマヘアスタイリスト須賀勇介氏のデザイン。今も彼のお弟子さんにカットしてもらっている。

「MATSUDAの服はカジュアルかつマスキュラン＝フェミニンが持ち味。当時のNYは大人の女性はピンヒール、というマインドだったので最初はなかなか受け入れてもらえなくて」

NYで過ごした7年間

伝説のディスコ「スタジオ54」でショーを開いたことも。

「アンディ・ウォーホルは私たちの服をとても気に入ってくれていました。MATSUDAには常識を覆すスタイルがある。一流バイヤーやファッション誌の編集者たちがそう気づき始め、やがて東京コレクションに足を運んでくれるまでになりました」

日本のファッションに世界の目が向けられるようになったのは、啓子さんたちのこうした努力があったからこそ。その功績は大きい。

今も湧き上がるコレクター魂

啓子さんが現在の住まいに移ったのは、ご主人が亡くなった10年前のこと。大きな窓からたっぷりと自然光が入るリビングには陶器や動物の置物、ペコちゃんとベティ ブープの人形などなど、数知れない物たちが集結し、啓子さんを囲んでいる。

「実家は都内にあるお寺で、収集癖は骨董好きだった父の影響。子どもの頃に集めた三つ折れ人形という日本人形は、まだ相当な数が実家にあります。松田も西洋のアンティークが好きでした。私は高級なものばかりではなく、ガラクタ的なものも好き。街を歩いていて好きなものがあると、それが視界の端にあってもわかっちゃう」

コレクター魂は衰えを知らず。断捨離とは真逆をいくそのスタイルはお見事だ。おしゃれにもまだまだ情熱がある。ボディ・コンシャスの巨匠、アズディン・アライアは昨年惜しくも亡くなってしまったけれど、今でも大好きなデザイナーのひとり。

「パリのお店で彼にピン打ちをしてもらったことがあります。その服は私の曲線に沿って仕上がり、色っぽくて感激しました。アライアを着るのは私には必要な気分転換。彼の服が入るように体型には気をつけています」

黒い服が多いのでアクセサリーで変化をつけることが多い。ブレスレットは大ぶりのものを重ね着けするのが啓子さん流。

藍色で揃えた膨大な量の陶磁器。ほとんどが京都のもの。食器棚の左上には松田氏が好きだったエミール・ガレのガラス器が置かれている。

(上)飾り棚の上の帽子をかぶった女性のオブジェはパリのアンティーク。向かって左は晩年の松田氏の写真。インドや中国の置物、カスタマイズしたブライス人形、ピエロの灰皿など、さまざまなものが飾られている。(右)年代物のゲランの香水瓶3点。今でも部屋の中にブルーがたくさんあるのは、松田氏が特に好きだった色だから。

竹で編んだかご状の素材に包まれた珍しい茶碗は中国の重慶で見つけた。シルバーの動物たちはパリの蚤の市で出合った、カトラリーを置く箸置きのようなもの。アールデコ様式のデザイン。

啓子さんは現在、デザイナー、松田光弘のアーカイブを管理している。

「ブランドの立ち上げやコレクション作りの苦労を見ているから、思い入れがあるんですよ。70年代は参考になるものがなかったから、自分たちで時代を切り拓くしかなかった。だから強いんだと思います」

日々を楽しく過ごす秘訣

「この年で毎日やることがあるのはとても幸せだと思う。仕事を頑張ったからこれを買おうとか、たくさん遊んだから仕事をしようとか、私はそういうふうに考えているの」

　実家のお寺に高齢のお母さまを訪ねる機会も増えた。

「今の私の大事な友達は松田と結婚してなかったら出会えなかった人たち。それは本当にありがたいと思っています。一人娘が松田と結婚するのを許してくれた両親にも感謝。本来は養子をもらってお寺を継がなければいけなかったのですから」

1970年代初期のニコルのニット2点。バラモチーフは『an・an』で大々的に取り上げられたアイコン的な作品。下は鳥を編み込んだもの。グラフィカルで大人可愛い作風は今見ても新鮮。

白のパンツスーツとレオパードのブルゾンは70年代のニコル。ネームタグにはブランドを象徴する青いバラが。花と大きなペイズリーのブラウスは80年代のマダム ニコル。どこか東洋の香りが。

My treasure

思い出の写真

窓際に飾ったフォトフレーム。大きな写真は元気だった頃のご主人。隣に黒いワンピース姿の啓子さん。NYでの活動を助けてくれたヘアスタイリストの須賀勇介氏や、今でも仲のよい高田賢三さんなどのプライベートな写真が並ぶ。

サングラスはすべてMATSUDAのもの。すぐかけられるようにバリ島で買ったトレイに並べてリビングに。ヴィンテージと現行品が交じっているが、どれもラウンド型のコロニアルなデザイン。

過去の作品には思い入れがある。服作りの苦労を見ているから

貴重なアーカイブ作品をまとって颯爽と。ブラウスとスカートは80年代のマダム ニコル。サングラスはMATSUDAのもの。そこには古さを感じさせないスタイルがある。14歳の年齢差があったご主人は「昔気質の人」で啓子さんのいでたちを褒めたりすることはなかったそう。だが、彼女が松田氏のミューズだったことは想像に難くない。

松田啓子

愛車のイギリスの「バンデンプラス・プリンセス」の改造車。レトロな丸いフェイスが気に入っている。「都内からアクアラインを渡って1時間ほどの、快適なドライブです」。ラインのきれいなオフホワイトのフレアパンツはマルジェラ。

02

年齢を重ねるごと〝引き算〟をしてシンプルな生き方に

女優

浅田美代子

hair & make-up:Katsuhide Arai　text:Shizuko Mizuta

あさだ・みよこ

1956年、東京生まれ。ドラマ「時間ですよ」で、芸能界デビュー。一躍、アイドル的な存在となり人気を得る。ドラマの劇中歌「赤い風船」が50万枚のヒットとなり、第15回日本レコード大賞新人賞受賞。以降、ドラマ、映画、バラエティと活躍を続ける。保護犬活動は、miyokoasada.comにて詳細掲載。

1973
スカウトされ、ドラマでデビュー

1977
吉田拓郎氏と結婚。芸能界を引退するが、'83年に離婚。復帰する

2001
最愛の母を亡くしたことを機に、動物愛護運動に取り組み始める

2017
「Tier Love」にて、坂本龍一氏をはじめ芸能人仲間に声がけをして動物愛護チャリティを開催。「動物愛護法」改正に向けて、精力的に署名活動を展開中

木製デッキの籐椅子でくつろぐ、ゆるやかな午後。お気に入りのアイスブルーのストールを肩がけに。「静かで波の音しか聞こえないの。癒やされます」。よく晴れた日は海の向こうに富士山が望めるそう。

リビングにつながる、アイランド型のキッチンで、コーヒーを入れてくださった。お料理上手な浅田さんは、ときどき友人たちに手料理をふるまうことも。「海を眺めながらの楽しい時間です」

（左）器が好きで集めた古伊万里。大切にしまっていたが「使ってこその器」と、今では普段使いしている。ひびの入ったものは「金継ぎの教室で習って」、自分できれいに修繕。（右）「大小の皿を重ねると、盛りつけの華やかさが増すんですよ」

自分以外のことに心を寄せるのが大人の品性

白Tシャツこそ最高のおしゃれ

房総にある、浅田美代子さんの〝ビーチ・ハウス〟。部屋には春先の光があふれていた。「初めてここに来たとき、目の前の海と、夕陽の美しさにひと目惚れでした」

白を基調とし、大型ガラスを多用した透明感のある家には、これまでの人生をともにしてきた、大切で美しい「物」だけを東京の家から運び入れた。

「どちらの家も、好きなもの、必要なものだけを残して、だんだんとシンプルになってきました。ファッションも同じで〝引き算〟のおしゃれというのか、ごてごてになってしまうと、かえって老けて見えるし、アクセサリーもジャラジャラ着けていた時期もありま

捨てられ心身が弱っていた4匹の犬をレスキュー、家に迎えた。名前はCoo、ダイア、与作、アヴィ。白セーターはモンクレール。「着心地がよくて、この子たちを追いかけ回すのもラク(笑)」

My treasure

大切な人々の写真

左は幼少期、母に抱かれて撮った写真。「洋裁の上手なやさしく明るい母でした」右は30代、樹木希林さんと出かけたバリ島で。「時間ですよ」以来、「何でも話せる第二の母のような存在です。この家を購入するときも見てもらいすごくいいよとすすめてくれました」。

大好きだという洋書。左から『MADEMOISELL』『THE KENNEDYS』『Iris Grace』。

すけど、今だと下品になってしまう。自分に似合うものを、さらっと身に着けられるようになりました」

都会派の、おしゃれ上手な女優として知られる。「小さな頃から洋服が大好き」で、自分なりのこだわりがあった。中学時代、「制服のストンとした紺のコートが好きではなくて、脇にゆるくカーブをつけて」と、洋裁上手な母に作ってもらったこともある。

「若い頃は流行を追いかけたし、どこそこのブランドのものが絶対欲しい！と執着して、本当にたくさんの服を持っていました。全然、似合わなかったり服の存在感に負けたり、いっぱい失敗もしましたね。でもそれがムダではなかったのかもしれないなと」

今、一番こだわるのが「白のTシャツ」。いかにもおしゃれ度の高い浅田さんらしい。

「ベーシックなものほど、首回りや袖幅、丈……と微妙な違いで素敵に見えたり、野暮ったく見えたりすると思う。ピッタリのものを探すのは大変ですけ

バカラのグラスや青い花瓶などを飾った、美しいガラス棚の前で。ドレープのきいた、ふわりとしたきれいめグリーンのワンピースは、ヴィアバスストップで。リゾートによく似合う。クロエの厚底サンダルは「履き心地がよくて、同じ形の白色も持っています」。

ど、白Tを清潔に大人っぽく着こなせたら最高ですね」

一昨年、60歳を迎えて新しい発見もあったという。

「20代後半以降、たとえばピンクという色はぶりっこに思えて、着なかったんですけど、今、逆に大人の色として似合ってきたのは意外でした。還暦って赤を着る、また赤が似合う年齢になった、と知らせてくれる意味もあるんじゃないのかしら。リボンやフリルも、デザインや分量しだいでは、若い頃よりむしろ素敵に着られるのでは」

そして、ファッションでもっとも大切なことは「大人の品だと思う」と、さりげなく言った。

バルコニーで。「海外旅行が少しだけ疲れるなと感じ始めた年齢に、東京の近くで気に入った場所、家が見つかって本当によかった」

救ってくれた、愛犬の存在

浅田さんは今、女優業とともに「動物愛護」の活動に力を入れている。まるで「物」のように捨てられ、命を処分されていく大量の犬や猫を救いたいという、強い思いからだ。

「きっかけは母が亡くなって、家にこもりがちになったことなんです。救ってくれたのは、長年、飼っていた犬の存在でした。その犬も逝ったとき、処分される直前だった犬を引き取って、大変な事態になっていると知ったんです。もの言えぬ生き物が、人間の身勝手で傷つけられているのはおかしい」

今年の「動物愛護法改正」に向けて、すでに15万人を超える署名を集めた。ふんわりとした雰囲気の内側にもつ信念。大人の品とは、自分以外のものに、心を寄せられることなのかもしれない。

「微力かもしれない。でも私が生きている間に道はつけたいと思っています」

(上)シリシリのガラス製のアクセサリー。「シンプルできれい。ひとつ着けているだけで幸せ気分に。とても気に入っています」(下)珪藻土の壁に掛けた帽子がビーチ・ハウスらしいアクセントに。

持ち手のついたフランス製の籐かご。「かごが好きで、つい買ってしまっていくつも持っています。30cm幅ぐらいのものが、ちょっとした小物を入れるのに便利で多いですね」

(上)親しいヘア・メイクさんの手作りだという南洋民芸風の人形。(下)ワンちゃんたちの写真の入ったフレーム。20cmほどのベティちゃんが、大人の空間の中でなんともキュート。

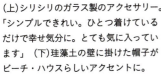

モデルのキャリアは40年

彼女を見て、「知ってる!」と思う人は多いはず。1980年代から90年代、女性誌のファッションページにはほとんど必ず、この人がいた。それまでの美人タイプのモデルではなく、ナチュラルでやさしい笑顔のくればやしよしこさんは、新しい感覚の新しい服を求める私たちの、親友のようだった。

「でも私自身はモデルという仕事、始めた当初は、そんなに好きではなかったんです。20代は〝この仕事、自分に向いていない〟と思いながら働いていました。洋服は好きだし、モデルの仕事もだんだん好きになって、今に至るまで続けているんですけど(笑)」

そんな彼女に今回の取材を申し込んだとき、最初に返ってきたのは「でも私、服もアクセサリーもそんなに持っていないんです」という返事。

「基本的なアイテムがあれば、それで満足なんです。ウチにいるときはジーンズにTシャツ、出かけるときも夫に

03

ジーンズにTシャツがあれば、毎日は楽しく過ぎていく

モデル

くればやしよしこ

7年前に原宿に住み始めてから、どこに行くにも自転車で移動することが多くなった。黒いベストは今年パタゴニアで買ったもの。

くればやし・よしこ

1980年代を代表するモデルであり、現在も現役のモデルとして幅広く活動中。今までに登場した雑誌は『an·an』『non-no』をはじめ三十数誌、大手企業のTVCMにも10社近く登場、ピンクハウスをはじめ数多くのファッションショーにも出演。身長167cm、スリーサイズはデビュー以来、ほとんど変わっていない。

1959 東京、原宿に生まれる。中学生の頃スカウトされ、モデルになるが、本人の意志で中断

1978 高校を卒業後、モデルとして本格的に活動を開始。ファッション雑誌の常連となる

1985 ひとり暮らしを始める

2008 結婚

2011 品川のマンションから原宿に転居

text:Mayu Okamoto

愛犬の三太は近所に住む姉が飼っている2歳のトイプードル。ふたつの家をしょっちゅう行き来しているとか。家ではいつもジーンズと気楽なトップスで。

My treasure

動ける身体

身体を動かすのがとにかく大好き。ジャズダンスは数年前から始めた。近所のスタジオを借りて仲間たちとしばしばレッスンしている。「服やアクセサリーには、実はさほど興味がなくて。思い通りに身体が動くその瞬間が、私の至上の喜びなんです」

銀製の王冠のペアリングは、結婚指輪。御徒町の専門店で購入。「本当はドクロにしたかったのに、サイズがなくて(笑)」

黒いラインストーンのチョーカーとピアスは20代で購入。「これはとても気に入っていて、今でもたまーに、使います」

ピアスはほんの数個だけ。特に十字架のピアスは、なくしたと思っても必ず見つかる30年来の愛用品。「縁を感じます」

『その格好でいいの?』って言われてしまうほど、おしゃれじゃない(笑)。物に対する執着心が薄いんですね」

あるのは、好きなものだけ

そんな彼女が7年前、断捨離を決行した。26歳で実家を出てひとり暮らしを始め、20年ほど前からは、15歳年上の現在のパートナーと同居。品川区内のファミリータイプのマンションに住んでいたけれど、東日本大震災を機に、ライフスタイルを変えようと思い立ったとか。

「実家のある原宿駅に降りたとき、まるで里心がついたように、ここに帰りたい、と思ったんです。気に入った物件はとても手狭だったけれど、それに合わせて、思いきって持ち物を減らしてみようかと」

なんと15個もの家具を捨て、その中に収まっていた物たちも処分した。

「結局使わないもの、要らないものを、後生大事にため込んでいたんです。捨ててしまっても全然後悔していないし、困ることもありません。好きなものだけ残してあるから、好きなものだけ、着ています」

モデルの仕事を通して、ゴージャスなドレスからカジュアルな服まで、さまざまな服を着てきたくればやしさん。そんな彼女が自分の服として最終的に選んだのは、肌ざわりよく着心地がよく、自分らしくいられるシンプルなアイテムばかり。

「結局、好きなものって変わらないんですね。たまに目移りして、こういうものも、あってもいいかな、と思って手に入れると、そういうものは、なくてもいい(笑)。活用できないから、その服がかわいそうなんです」

日課は、ジムに行くこと。さらにダンスや犬の散歩など、何かしら毎日身体を動かしている。大事なのは、服を着る健康な身体だ。

「動いていると身体が軽いし、ストレスもなくて気持ちがスッキリします。私にとってはそれが一番大事なんだなって、実感しています」

(上)バッグはたまたま買ったエンリーベグリンやシャネルなど。「サイズと質感で選びました」(下)サングラスは以前買ったアルマーニやディオールのもの。ドルチェ&ガッバーナ(上端)は「母の遺品です。レンズを入れ替えて使うつもりです」

都内にあるハワイ雑貨の店で見つけた、エスニック柄のジャケット。「気軽に羽織れるからいいんです。もう15年くらい着てるかも(笑)」

何を着るか、よりも、
どんな身体で着るか、
大事なのはそれだけ

10年以上前にエミスフェールで買った、鮮やかなグリーンのスエードコート。裏は光沢のあるプリント仕上げだ。「これは妙に好きなんです。毎年着るとは限らないけれど、その気になると毎日着たりしますね(笑)」

04

頼れるのは
パターンの優れた
着心地のいい服

ひびのこづえ

コスチューム・アーティスト

ZUCCaのシャツに、ゆったりしたパンツを合わせて。製作中の衣装はミュージカルのもの。

text:Mari Katsura

1958 静岡県生まれ

1982 東京藝術大学美術学部デザイン科卒業

1988 コスチューム・アーティストとして仕事を始める

1995 オリジナルプロダクツ販売開始

2017 KAATキッズプログラム「不思議の国のアリス」衣装担当。「奥能登国際芸術祭」参加

ひびの・こづえ

1958年静岡県生まれ。東京藝術大学美術学部デザイン科卒業。コスチューム・アーティストとして広告、演劇、ダンス、バレエ、TV番組などの衣装を手がける。NHK Eテレ「にほんごであそぼ」のセット衣装、歌舞伎『野田版 研辰の討たれ』、野田秀樹作・演出『足跡姫』の衣装などを担当。

My treasure

ガラスの小物

物を集める習慣はないが、ガラスのものは手に入ると手放せなくなるそう。舞台で何回も衣装を担当した深津絵里さんからの贈り物、辻和美さんのグラス、フランスのアンティークなどがアトリエのインテリアのアクセントに。窓からの光を受けて美しい影を落とす。

持ち手が布なので傷みにくく気に入っているかごは、スパイラルで見つけた。小物はポーチにアイテムごとに小分けして収納。

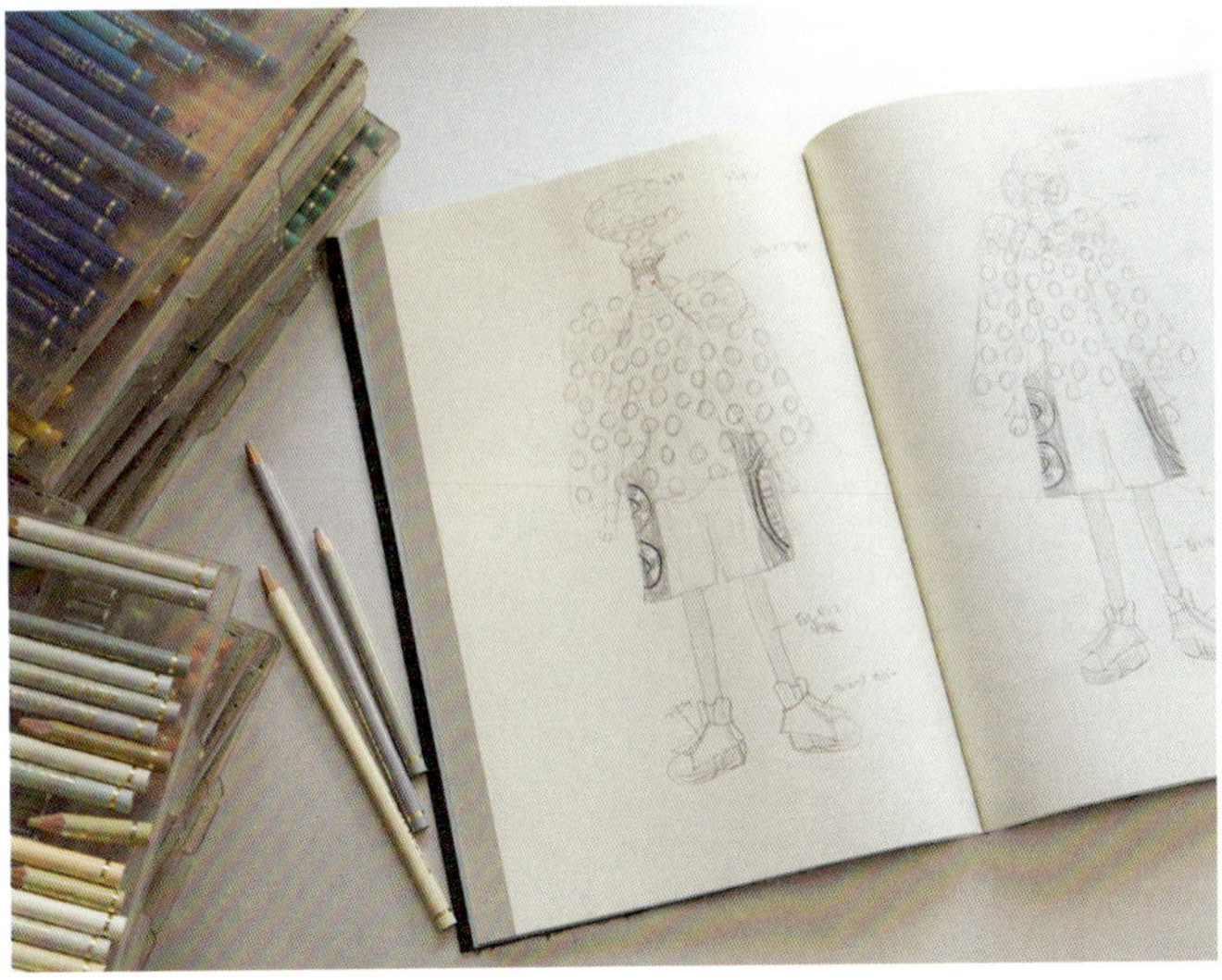

ミュージカルの衣装のデザイン画。溺愛していたノートが廃番になり、気に入った紙でオリジナルノートを作っている。

「シミがついたとぼやいたら、夫にマジックで落書きされていた」という部屋履きの白いスニーカー。さすが日比野克彦氏。

KODUEのハンカチ。大判のハンカチの裏面には無地の生地が重なっている。柄はButterfly、Treeなど。koduestyle.com

派手な色・柄から好きなブルーに合うブラウン系にシフトして

仕立てのいいシャツを着倒す

コスチューム・アーティストとして活躍するひびのこづえさん。アトリエでのデザインのみならず、撮影、ロケ、舞台などの現場での作業や打ち合わせ、ワークショップ、個展など飛び回る毎日だ。

「ワードローブは、スタンダードでシルエットがきれいで、ふわっとゆったりしたものが多いですね。週に何度も新幹線に乗ることもあり、移動が多いのでシワになりにくい素材を気にして選んだりもします」

自宅からアトリエにも、毎週通っているヨガや仕事先にも自転車で。なので、おのずとカジュアルなシャツスタイルが多い。

「上がきちんとしていれば、下はカジュアルでもいいかな、とボトムスにデニムを合わせることもあります」。アトリエからも近く寄りやすいので、頻繁にチェックする店はZUCCa。

「着心地がよくて、パターンもいいのでらくちんなんです。ワンシーズンに数枚買って、それを着倒す感じで愛用してます」。ちょっと前まではワンピースや柄物をよく着ていたが、最近急に気分じゃなくなったそう。

「ストライプやチェック以外、柄物は着なくなりました」

カラフルなストールは万能選手

最近初めて、ブラウン系のものに目覚めた。好きな色のブルーとの相性もよく、気に入っているという。自身がデザインしたカラフルなストールを差し色にしたり。寒がりなので、夏でも巻き物は離せないのだとか。

「私がデザインしたストールは、綿とウールのものや、綿とベルベットを合わせたものなど、オールシーズン使える素材。自分が使って気持ちのいいものを作っているので手放せないんです。ストールは万能選手だと思います」。

長く作り続けているハンカチも大判で2枚重ねなので、ストールを忘れたときは首にも巻けるし、物も包めるサイズ。日常の生活の中からアイデアが湧くそうで、機能性も兼ね備えているところが、ひびのさんらしい。機能性といえば、靴は履き心地がよく運動量の増すMBTを。コートはノルウェーのマリンウェアブランド、ヘリーハンセンのものを愛用。バッグはたっぷり物が入るかごに、小分け用のポーチをいくつも入れて使っている。

「服も、アクセサリーもいろいろ整理して、今のスタイルに行き着いたと思います」。アートフルでカラフルなストールで色を差した、ひびのさんならではのチャーミングな仕事着スタイルが完成している。

静岡の小さな書店で見つけた『ニセ蟲図鑑』(くぼやまさとる著)とひびのさんデザインのマグカップ。

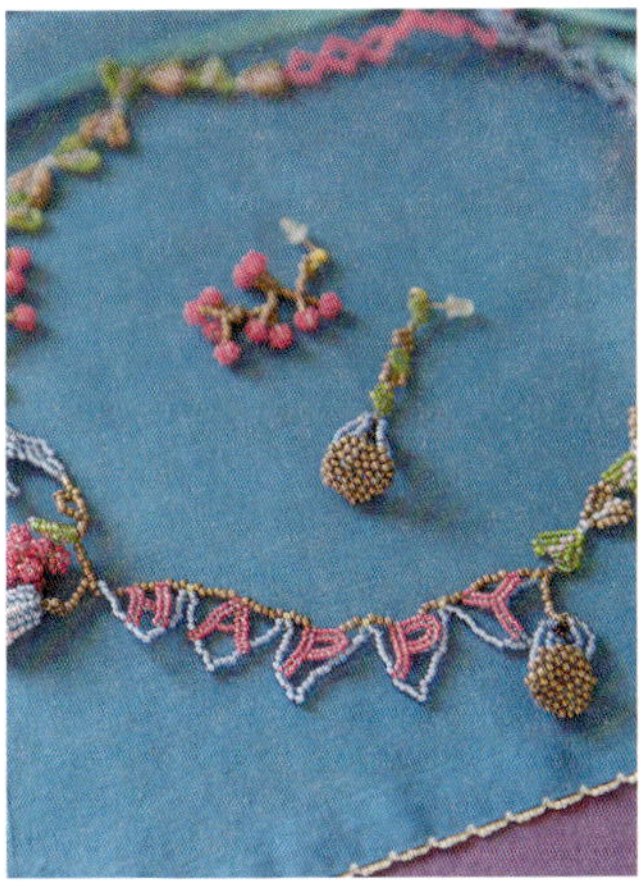

HIBINO KODUE+TOHOのビーズのアクセサリー。絵に描いたものが職人の手で編まれて形になるのが楽しいという。

KODUEのストール。保温性も抜群のストールは、新幹線や飛行機での移動中は膝掛けにもなり重宝する。

ひびのさんデザインのストールをきかせたパンツスタイルで。コートはヘリーハンセン、MBTの機能靴で颯爽と。

05

白いシャツが似合うオバアサンが人生の目標です

岡田美里

ブランディングアドバイザー

白いシャツがよく似合う。岡田美里さんにとって一番大事なファッションアイテムは、この〈白いシャツ〉だ。

「大学生のとき初めてアルバイトをしたお金で買いに行ったのが、ハーフムーンの白いシャツでした。そのあともずっと〝白いシャツが似合うオバアサンになりたい！〟と思って生きてきたんです」

オーダーメイドに開眼！

シンプルで上品で、白いシャツは着る人の魅力を最大限に引き出してくれる。だけど、自分にぴったりのシャツを探すのは、なかなか難しい。

「袖が少し短かったり、襟の形がイマイチだったり。自分にぴったりのシャツには一生巡り合えないのかと諦めかけていたんです。でも3年くらい前、たまたま知ったのがオーダーメイドの『プリンシプル』でした。店舗がなくて、出張のみ。オフィスに来てもらって採寸し、作ってもらったのを着たら〝何このフィット感！〟と思わず口にして

hair & make-up:Yayoe Shimizu　text:Mayu Okamoto

時間さえあれば家でも出先でも、クロスステッチ刺しゅうに夢中。12年ほど前に始め、今では教室で教えている。現在はかなり難易度の高い作品を製作中。

居間の中央にはデンマーク製アンティークのデイベッド。テーブルは実家にいた頃から愛用のもの。くつろぐときは、白シャツ。岡田さんの定番アイテムだ。

1961
東京生まれ

1984
聖心女子大学卒業。スポーツキャスターとして活動を開始

1989
結婚（2001年に離婚）。長女（26歳）と次女（22歳）を出産

1998
ライフスタイルを提案するスクール「アトリエミリミリ」を開講

2016
老舗ジュエリーブランド「ハウスオブアンバー」取締役に就任

おかだ・みり

F1の初代リポーター、スポーツキャスター、女優、リポーターなど幅広く活躍。料理、紅茶などに詳しく、さまざまなライフスタイルを提案する活動を続けてきた。祖母はデンマーク人、父はE.H.エリック、叔父は岡田眞澄。アクセサリー、家具などデンマークのブランドを日本に紹介する役割を担っている。

My treasure

ロイヤルコペンハーゲン

100年以上前の「ビングオーグレンダール」時代のコレクションを数点ずつネットオークションで収集し、フルセットを完成させた。「クリスマスディナーのために、ワンセットくらい揃っているものが欲しかったので、世界中から集めました。全部揃えるのに2年くらいかかりましたね」

しまったくらい（笑）」

以来、素材を変えて何枚もシャツをオーダーした。襟やカフスのデザイン、ボタン位置など細かい望みもクリアしてくれるので、大満足。さらに最近はワンピースやトレンチコートまで、オーダーで作ってもらっているとか。

さらに〝靴はローファー〟と思いきったのが、2年前のこと。

「以前から、子どもの学校の卒業式なんかにもローファーでいらしているおしゃれな方がいて、素敵だなと思っていたんです。でも自分はなかなか、ハイヒールから抜け出せなくて。だけど海外旅行先の街中で見ていたら、もう世界中、みんな運動靴で歩いているんですよね！（笑）なんでわざわざ私、ハイヒールにこだわっているんだろう？と気がつきました。実際私も履いてみたら、本当に足が疲れない、らくなんです。だからもう、靴はローファーかスニーカーが基本。そう宣言してしまえば、パンツだってスカートだって、全然大丈夫なんですよ」

身体にフィットする上質なものを長く愛したい

陽当たりのよいテラスで、愛犬アンヌと。オーダーメイドのワンピースはお気に入りのギンガムチェック。帽子も大好き。

(上)ネックレスなどデンマークのアクセサリーが増えてきた。半貴石のリングは、オーレ・リンガード。(下)デンマーク製STORYのマグネット仕様ブレスレットは重ねづけを。

自宅のそばには豊かな緑と、舗装されていない道がある。「鳥も虫もたくさん来ます。歩くだけで、気持ちいいんです（笑）」

（上）第3ボタンの下に隠しボタンが。カスタマイズこそオーダーの醍醐味。（下）好きな素材で作ったシャツやトレンチコート。

靴はローファー。ヘビロテはコール ハーンやトッズ、フェラガモなど。「紺色のものは一番よく履きます。意外と何にでも合うんです」

デンマーク家具に囲まれて

昨年6月、今の住まいに引っ越してきた。子育ても一段落、愛犬と散歩できる環境で、自分らしい暮らしを始めるためだ。インテリアの主役は、デンマーク製のアンティーク家具たち。

「私、インテリアが大好きなんです。以前仕事でヨーロッパには何度も出張しましたけど、その土地の美術館を訪ね、デパートのインテリア売り場に行くのが何より楽しみでした。特に私の祖母の国、デンマークは家具や生活雑貨がすごく充実しているんですよ」

大好きな食器やグラスのコレクション、水栽培の花やドライフラワーに囲まれて、趣味のクロスステッチに熱中するのが、至福のときなのだとか。

「この10年は忙しかったので、このままだとバリバリカチカチのオバアサンになってしまいそう（笑）。これからは身体のメンテナンスやゆっくり過ごす時間を大切にしたいと思っています」

06

歌舞伎、着物、作法…日本の伝統的なよさを継承して

十二代目市川團十郎夫人
堀越希実子

デザイン・監修をしている「茶屋ごろも」の着物。繻《しゅ》子《す》地に蒔糊の技法。帯は黒地に金の牡丹柄。モダンで華やかで粋。

ほりこし・きみこ

東京生まれ。学習院大学フランス文学科卒業後、1976年に十二代目市川團十郎（当時は十代目市川海老蔵）と結婚。長男は十一代目市川海老蔵。長女は日本舞踊市川流の三代目市川ぼたん。現在、着物ブランド「茶屋ごろも」とブライダル和装ブランド「麗」のデザイン・監修を手がけている。

1952 ▼ 東京生まれ

1976 ▼ 十代目市川海老蔵（のちの十二代目市川團十郎）と結婚

1977 ▼ 長男誕生、2年後長女誕生

1995頃 ▼ 着物ブランド「茶屋ごろも」のデザイン・監修に携わる

2013 ▼ 十二代目市川團十郎逝去

洋装は、カジュアルで、エレガントさのあるデザインが好き。愛用のソニア リキエルのニット。ロングスカートとのセットアップ。

My treasure

牡丹柄の帯

團十郎氏は絵を描くのが好きで上手だった。牡丹は成田屋にとって縁の深い花。團十郎氏の一年祭の追善公演の際、ご本人が描いた牡丹をデザインして誂えた帯。今も大切に使っている。

ショートヘアに大きめのイヤリングが似合う。これはNYで活躍中の和田隆の作品。漆製で、ボリュームはあるが実は軽い。

梨園に嫁ぐとは思ってもいなかったので、最初は戸惑うことも多かったという堀越希実子さん。嫁いだ堀越家は、江戸時代から約350年続く歌舞伎界の名門中の名門。屋号は成田屋。ご主人は十二代目市川團十郎だ。

「出ず入らず」の精神

市川團十郎の妻として、また、長男の市川海老蔵、長女で日本舞踊家の市川ぼたんの母として、40年あまり一門と家族を支えてきた。

團十郎氏の両親が早くに他界したため、後ろ盾になる方々はいたものの、夫婦ふたり力を合わせて諸事万端進めていかなくてはならなかった。

なかでも役者の妻にとって、舞台に足を運んでくれるお客さまへのご挨拶は欠かせない大切な仕事である。

「歌舞伎役者の妻は、劇場へ出向き、お客さまを着物姿でお迎えするのが礼儀です。その際の着物選びはとても大事なのです。派手すぎず、かといって、地味すぎてもいけない。そのさじ加減を『出ず入らず』と呼んでいます」

実際にはP32の写真のような着物の組み合わせ。

無地に近いシックな着物に帯は少しだけ華やかなものを合わせるのがコツだそうだ。

「毎日着物を替えるのは大変なので、帯や小物とのコーディネートで変化をつけて対応しています。今日はこの組み合わせで舞台のご挨拶に行きますよ。着付け？ 20分です」

着物ばかりでなく、行事やおつき合いなど山積する日々の万事に、この「出ず入らず」の精神が貫かれている。

服選びは合理的に

着物姿のあでやかな美しさはもちろんのことだが、TVの特番などで見る堀越さんのジーンズ姿などが実におしゃれでカッコいいのは周知の事実。

「プライベートではもちろんカジュアルな格好もしますが、やはり外に出る機会が多いので礼儀を欠かさないために、ジャケット着用を基本にしています。揃いのスカートでスーツの場合も多いですね」

多忙な堀越さんの考え方は合理的だ。好きなブランドは決まっているので、毎シーズンそこで買い足すことにしている。同じブランドなら、テイストが一貫しているので新しいアイテムを加えても難なく組み合わせが完成するからだ。個性をプラスするのは、大ぶりなブローチやイヤリング。

「ボリュームがあるものを着けるとそれだけで変化がつき、小さなアクセサリーをいくつもコーディネートするより効果的でしょう？」

聡明でセンスのよい堀越さんのマイ・スタイルをよりシャープでカッコよく仕上げているのは、トレードマークの美しいショートのグレーヘア。

若い頃は長くしていたが、子どもが生まれ、多忙になってからは和装にも洋装にも合うショートに落ち着いたのだそう。年齢を重ねてグレーになった髪色は以前にも増して堀越さんのエレガントな美しさを際立たせている。

『成田屋のおくりもの』

歌舞伎とは無縁の家庭から十代目市川海老蔵(当時)と結婚し四十余年。夫の十二代目市川團十郎、息子の十一代目市川海老蔵を支えた堀越さんが守ってきたおもてなしの心、しきたり、日々の暮らし。歌舞伎役者の人生に寄り添い、ともに歩んできたなかで学び、実践してきた小さな気遣いの数々を解き明かした著書。1620円(税込)。(マガジンハウス刊)

主にパリやNYで見つけたコスチュームジュエリー。大ぶりのデザインを選びジャケットの襟元を個性的に。どんぐりなど自然のモチーフが多い。

右のクロコのミニケリーは着物のときによく使う。中央もエルメスで遠出に便利な大きめサイズ。左は〝知る人ぞ知る〟西田信子作の柔らかいレザーバッグ。

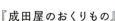

多忙だからこそ柔軟かつ合理的なセンスで

カジュアルな外出によく着るソニア リキエルでコーディネート。コットンサッカーの軽いジャケットは夏、タンクトップに羽織って重宝している。ほかにサンローランも愛用ブランド。愛犬のナナちゃんと散歩するほか、毎日30〜40分のウォーキングが現在の健康法だそう。

07 ヴィンテージ小物がきいた 潔く自由な カジュアルスタイル

(上)なかなか気に入ったカーテンがないので麻の葉柄の着物をほどいて日よけに。インド更紗も同じように、切りっぱなしで使っている。(下)遠く日本海が望めるロケーション。

桐生洋子

古道具・器 きりゅう 店主

きりゅう・ようこ

新潟生まれ。1973年に、縁あって子ども服店を開くため金沢に移住。2000年にオープンした古道具店「きりゅう」では、普段使いできる日本の素敵な器を扱い、すすめている。桐生さんならではの審美眼で選りすぐった器や漆器は、毎年秋に六本木の東京ミッドタウンの福光屋で行うポップアップショップでも好評だ。

- 1951 新潟県に生まれる
- 1971 結婚・長女誕生
- 1973 金沢に子ども服店をオープンするために移住
- 1995 子ども服店閉店
- 1997 骨董の仕事を始める
- 2000 きりゅうオープン

text:Mari Katsura

リビングで、お気に入りのリモージュのカップ＆ソーサーと桐生さん。ちょうどいい長さで愛用しているパールのネックレスがアクセントに。

(右)自宅でも重宝している豆皿たち。柄違いでも統一感がある。(左)最近のお気に入り、知り合いから分けてもらっている貴重な梅干しをちょこんと置いても絵になる。

宝探しのように、いるだけでわくわくする桐生さんの店。手頃な価格でいいものが揃うと、ニューヨークやパリから定期的に足を運ぶ常連客もいる。

(右)銀座の画廊で出合ったピエール・ボンコンパンの絵は、黄色いソファに黄色い服というのが気に入って、ひと目惚れ。静けさもいい。(左)輪島塗の古道具が充実しているのも人気の理由だ。リーズナブルなものが多く、早くから本物に触れるようにと、小さい子どものために揃える母親も少なくない。

絵付け前の九谷焼も、まるで洋食器のようで静謐。使い勝手のいい形が揃う。

My treasure

娘からのギフト

「娘が『ティファニーのテーブルマナー』という本からイラストを選んで刺しゅうしてくれた布バッグと、小さい頃に作った鬼のオブジェをずっと大切にしています」と桐生さん。

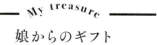

時代も国境も超えて好きなものとだけ

面白そうと思われるのが本望

「おしゃれはその日の気分を左右しますよね。自分で思っているだけですけど、今日は服のコーディネートがよかったなと思うと、一日を自信をもって過ごせるんです」と、桐生洋子さん。金髪のショートカットに真っ赤なルージュ。その迫力は一度会ったら忘れられないほどに際立っている。

　桐生さんの審美眼には定評があり、金沢の古道具店を切り盛りする粋な店主としてファンも多い。

「自由に好きな格好をすればいいと思うんです。変だな、面白いなと思われた者勝ちじゃないですか」と笑う。彼女の店に並ぶヴィンテージの器や漆器のように、おしゃれも彼女ならではの独特の審美眼にかなったワードローブから成り立つ、いわば少数精鋭。

　1年半ほど前に引っ越してきたというマンションはリビングからの景色が2方向に開けていて、まるで雲の上にいるよう。

「ロケーションが気に入ってすぐに決めたのですが、以前よりずっとコンパクトになったので引っ越しの際に、ありとあらゆるものを9割は捨てましたね（笑）」

　シンプルに、潔く、物語のあるものとだけ暮らす日々を送っている。

　また、料理上手でもあり、大の日本酒好き。しばしば飲み仲間が集う。

時代を超えて愛されるもの

　古道具選びも自己流という桐生さん。

「店で扱っているのは、ほとんどが日本の古い器です。明治の器なんかが特にいいですね。昔は任された仕事の、それ以上の仕事をして納めるのが職人魂。そういう時代のものはいいですよねえ」。古伊万里などの世界から入らなかったため、物自体のよさが見えなくならなくてよかったとも。

「市に行くと私が選んだものの何がいいのかわからないとよく言われるんです。でも、いいと思ったら譲らずに買います。お店に来た方が、気持ちよくお気に入りを探して、楽しかった、と買っていかれる。それぞれのお宅で可愛がられて、よく使うからとリピートしてくださるのが本当にうれしい」

　器選びと同じくおしゃれも、芯が通っているから、格好がいいのだ。

(上)ジャクリーン・ケネディも愛したミリアム・ハスケルのヴィンテージ・コスチュームジュエリー。(下)ヴィンテージのヘッドピースと半袖の服に合わせたくて買ったロンググローブ。

女優

伊佐山ひろ子

08

好きな服を好きなように。ルールはそれだけ

愛犬ジャンヌとお散歩。2代目ブルドッグで、力が強いので土佐犬用リードを使用中。グレーのTシャツとスウェットパンツは肌ざわりで選んだ。茶のスエードジャケットは以前、ニューヨークで購入したもの。

text:Mayu Okamoto

いさやま・ひろこ

1970年代から数多くの映画、ドラマに出演。独特の存在感で作品に彩りを添えてきた。一方、80年代中盤からは小説やエッセイで文才も発揮。近年の主な出演作にNHK大河ドラマ「江〜姫たちの戦国〜」、映画『まほろ駅前狂騒曲』、『舟を編む』、『沈黙―サイレンス―』(マーティン・スコセッシ監督作品)がある。

1971 福岡市出身。上京し、俳優小劇場附属養成所に入所

1972 日活ロマンポルノ『白い指の戯れ』で主演デビュー。キネマ旬報主演女優賞受賞

映画、ドラマで活躍、80年代からエッセイや小説も書き始める

2008 長年のパートナー金谷幹夫氏と入籍

2011 著書『海と川の匂い』(リトルモア)が三島由紀夫賞候補となる

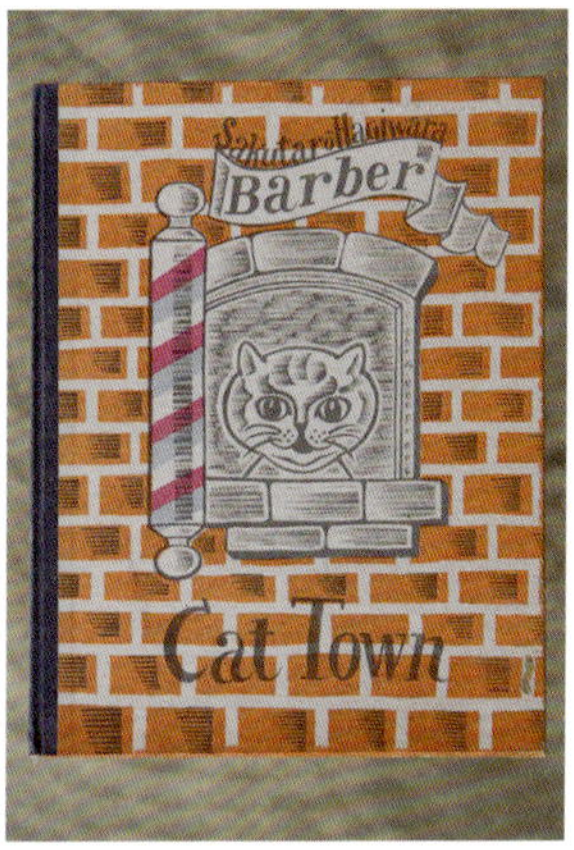

家のそこここに掛けられている絵はポップでキッチュ、いずれもスペシャルなもの。右は川上澄生の手刷り版画「猫町Cat Town」(1948年・萩原朔太郎作品の挿絵)。左は宇野亜喜良が描いた伊佐山さん(左)と、奥村茂雄作の「BEBE＆JANICE」(ジャニスは先々代の飼い犬)。

(左)自然素材で健康をキープしたいと、ホメオパシーを4年間学んだ。人間も犬も、風邪などの軽い症状ならすぐに治せるとか。さまざまなレメディを常備している。(右)あけびのかごは、これを作れる職人さん最後の作品として譲られたもの。添えられた帽子はレジェンド・平田暁夫の作品。

女優という仕事に、ファッションは大きな意味をもつ。どんな服を着てその役を演じるか、そこから演技は始まっているのだ。

「昔はいっぱい古着を買い込んでいました。どんな役がきても、自前の服でなんとかならないかなって。もちろんスタイリストさんが用意してくれますけど、着慣れた服で演じるほうが、自然に見えるでしょ？」

さまざまな映画やドラマで、多種多様の役を演じてきた伊佐山ひろ子さん。確かにいつも、その演技は究極の自然体。まるでその役の人生を生きてきたかのように演じていたのは、そんな心構えのおかげ、かもしれない。

「ただ、まじめで地味なOL役の服だけは、どうしても似合わないの、私。我慢して着ますけど。なんだかね、しっくりこないのよ（笑）」

普段はカジュアルが好き

伊佐山さん自身、プライベートでどんなファッションが好きかというと。

My treasure

初対面の記念写真

知り合ったのは40年前、友人のホームパーティにて。そのとき撮ったのがこの写真。「最初は彼のことゲイだと思い込んでいて、一緒に海外旅行に行っても何も起こらなかったのよ(笑)」

パートナー金谷幹夫氏と2ショット。名物編集者として長年多くの文化人と交流のあった金谷氏。伊佐山さんのおしゃれを応援してくれる、素敵な男性だ。現在は大病を乗り越えて、静かな生活を満喫しているとか。長年同棲ののち、2008年に入籍。

「あまりこだわりません。仕事がら、世間一般の常識から多少はずれても、許されてしまうし。仕事場に行けば役の服に着替えるわけだから、たとえパジャマの上にコートを羽織って行っても、誰も何も言いませんよ（笑）」

1970年代には髪を金色に染め、つけまつげは上下ダブル、ホットパンツで闊歩していたこともあったとか。「そんな格好していたから、養成所の仲間に〝BEBE〟なんてあだ名をつけられちゃったのかな（笑）」

今でもやっぱり、BEBEというあだ名は伊佐山さんによく似合う。ちょっとアンニュイで、マイペースだけど繊細で。「らくなのが好き」と見せてくれたカジュアルなスタイルも、さらっと粋に着こなしている。

「小さい頃はクラシックバレエをやっていたし、踊るのが好きだからインド舞踊は10年くらい、あとバリダンス、フラダンス、それに勅使川原三郎さんのワーククラスにも通っていました。ヨガもけっこう続けたかな」

陽当たり最高のテラスで、普段着ショット。オーバーサイズのブラウスで身も心もリラックス。「雑誌やネットで服を探すことが多いですね。見つけたら、彼に相談します。私のファッションアドバイザーかな（笑）」

アフガニスタンのラグは、娘の嫁入り前に母親が手刺しゅうで作る逸品。青い布は鮮やかな発色に惚れ込んだ。

彼の意見はちゃんと聞きます。うん、信頼してます

鍛えて芯の通った身体には、ラフなスタイルがよく似合う。

いつもふたりで

伊佐山さんのスタイルを語るうえで、欠かせないのがパートナー金谷氏の存在。ご本人もディオール オムを身にまとうおしゃれ男性で、女性のファッションを見る目は超一流。伊佐山さんの服装にもチェックを入れる。

「雑誌で見つけた服がいいな、と思うと、私はけっこうしつこく追跡するの。店に問い合わせて取り置きして、彼と一緒に出かけて私が試着するのを見てもらう。OKだと彼が買って、プレゼントしてくれるんです。そういうのが好きなのね」

部屋の中には、ふたりの人脈の広さを物語るように、絵画やイラスト、旅行先で買ったものなど、思い出の品々がいっぱい飾られている。

「片づけなきゃと思うんだけど、どれも思い入れがあるし、大事なの。だから一緒に生きていこうかなって（笑）」

09

年代を経た古きよきものの品格に惹かれて

ケイティー恩田
トータルライフ・コーディネーター

玄関を開けると2階につながる、広い吹き抜けが。渡航以外は一年中、半袖姿。動きやすいスカートは、知り合いのマダムに生地を渡して、何年もオーダー。眼鏡もお気に入りのフレームのものを、度数を変えながら長年使っている。

フラワーデザイン教室も開いている。庭から摘んだ草花をさっと素敵にアレンジ。「高価な花でなくていい。部屋にあるだけで心が潤いますね」

スタッフに用意してくださったキュウリと卵サンド、パンプキンケーキ、ブラウニー。オリジナル紅茶の香りとともに。

料理教室はリビング奥のキッチンで。そのあとは生徒さんらと会食。「年代はいろいろですが、女性たちは本当に元気！　でも私が一番騒がしいかも（笑）」

My treasure

夫と娘の手作り人形

「右の顔だけの人形は、娘が小さかった頃に、夫が手伝いながら作ってくれたものです。サプライズでとてもうれしかったですね！」。左のラガディ・アン人形はケイティーさんの子ども時代のもの。「ボロボロですが大切にとってあります」

ケイティー・おんだ

神奈川県・横浜市出身。大学卒業後、結婚、出産を経て米軍の日本人従業員として勤務。仕事と並行して、葉山にて英国のライフスタイルを総合的に提案する「KATY'S HAYAMA」を始める。東急セミナーBE、よみうりカルチャーやNHKカルチャーなどでもレクチャーする。www.katys-hayama.com

1975
大学卒業後、製缶印刷会社に就職。マミフラワーデザインスクールにて講師資格を取得後、日比谷花壇都ホテル生花店に勤務する

1982
結婚し、長女を出産

1985
米軍に日本人従業員として20年間、勤務。予算分析官を務める

1998
「KATY'S HAYAMA」を主宰

text:Shizuko Mizuta

バッグや財布はルイ・ヴィトンを愛用。10年使用している黒のハンドバッグはすでに廃番。ボールペンには名を刻印。「大人のこだわりですね」

(右)エルメスの「イン・マイ・ポケット」のスカーフ。「糸巻きや財布とか絵柄がすごく面白くて楽しい」(左上)長年、愛用している色とりどりのランズエンドの半袖綿ニット。(左下)デザインが好きだという英国のシャツメーカー「トマスピンク」のシャツ。

生涯を好きなものと一緒に暮らしていきたい

湘南・葉山のなだらかな山中に暮らす、ケイティー恩田さん。素敵な自宅には、英国の骨董家具が置かれ、知的で静かな空間をつくり出している。恩田さんはこの家をギャラリーとして、〝英国の文化と暮らし〟を紹介。欧米料理とフラワーデザイン教室、簡単なソーイング教室を開いている。

「私はなぜか子どもの頃から、とても英国に惹かれて、ずっと今のような仕事をしたいと思っていたんです。英国は古きよきものを大切にしますし、質実剛健なところも好きなんですね。父も母も古い日本のもの、たんすや道具、着物やらをとても大切にした人。そのせいか、すぐに流行に左右されず、好きなものは、ずっと大切にするという考え方が私の中に根づいています。本物の素材を使った、手作りのものの温かさと厚み、年代を経てきた美しさや、品格を伝えていきたいんですね」

父親の仕事の関係で横浜で育ち、基督教系の学校に通った。元町の洋風のモダンな雰囲気も好きだった。「中学校の制服の、しっかりした仕立ての紺のウールコートが素敵で、今も持っているくらいです(笑)」。20年前から、待望だったこの仕事をスタート。たくさんの生徒を抱える。

「英国では、田舎のアンティークフェアを廻って買いつけるんです。私の教える料理は欧米の本当に普通の家のごはんなので、そういう味に出合えるのも楽しみ」

好きなものには一途です

洋服も「着心地のいい、実質的なもの。私にとっての定番があって、半袖の綿ニットは長年、着ています」。こだわるのは色。「やはりはつらつと元気に見えるほうがいいし、そこにスカーフや、ユーモアたっぷりのアクセサ

出番の多いカラーパール。防水機能のあるロレックスの腕時計は「水仕事の多い私には必需品。フェイスはマザーオブパール。朝から寝るまでずっと身に着けています」。

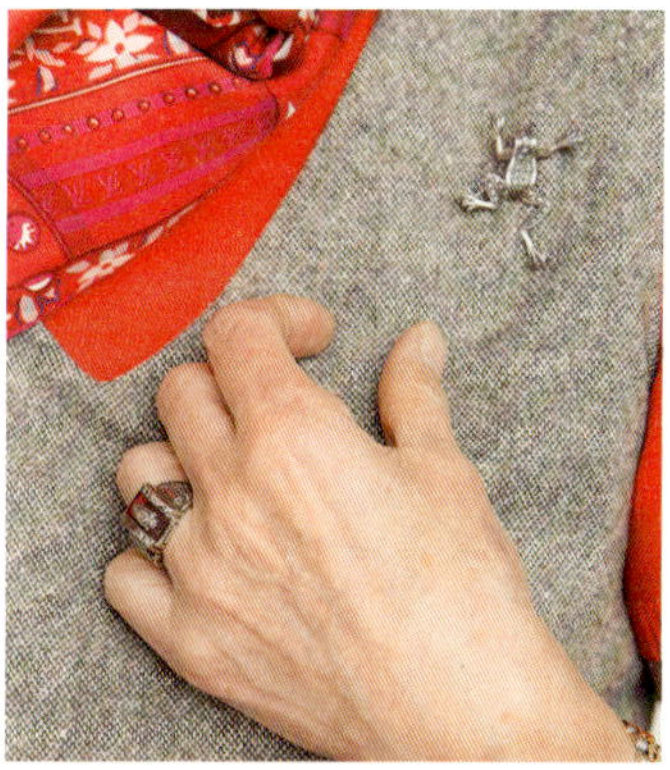

(上)シルバーのカエルのブローチを胸に。「カエルが大好きでモチーフにしたものが家中にあります。もしや私がヘビ年だから？(笑)」（下)英国の骨董市で見つけたブローチ。重ね着けして楽しんでいる。

長年使い込んだ大切な青のル・クルーゼ鍋。「重たいですが、年を重ねてもこれを持てる筋力を保っていようと。心意気ですよ！」

リーなどをプラスすると、生徒さんたちが大喜びしてくれまして（笑）」

惚れ込んだら一途。バッグも「毎日、同じものを持ち歩きます」と言う。

「ハイブランドのものは高価でも、ヘタリがなくて修理もできる。やはり老舗の歴史と誇りでしょうか。持っていると、きちんとした人に見えますし、何より気持ちに力がもらえます」

昨今、「断捨離」という言葉が気になるという。「老後を考えて、どんどん処分してしまうでしょう。でも、私にはできない、自分のこれまでの人生をゼロにしてしまうように感じられるんです。やはりずっと慈しんできたものとは、生涯をともにしていきたいですね」

60歳になったとき、ティファニーのブレスレットに「カルペ・ディエム」という古代ローマ詩人ホラティウスの言葉を、ジュエリーデザイナーのお嬢さんが刻印してくれた。「今日の花を摘む。今日という一日を、大切に楽しく美しく生きようという意味です。素敵な言葉でしょう?」

10

暮らしも装いも ゆったりスローに "好き"を追求したい

田島 暁
テキスタイルデザイナー

たじま・あき

株式会社三景で生地の企画、素材の開発などに携わり、40年勤め上げた。コートを得意とする英国ブランドの製品から国産婦人服まで幅広い素材の布地を手がけ、フランスで年に2回開催される見本市にも一時期足を運んだ。3年前、長年住み慣れた実家のリフォームを実施。昨年、定年で退社。退職後の現在は充電中。

- 1954 東京生まれ。東洋英和女学院中学部、高等部に進学
- 1971 東京造形大学でデザインを学ぶ
- 1975 株式会社三景に入社。テキスタイルデザイナーとして勤務
- 2017 定年で退社

hair & make-up:Izumi Kamabayashi　text:Mayu Okamoto

ゴールドのワイドパンツはオーラリー、シルクウールの素材に惚れ込み、この冬購入。バランス重視でプランピーナッツの白ニットをコーディネート。

とにかく“布好き”。下の青×白のマットは大学時代に課題で織ったもの。インドネシアで買ったバティックや古い布など、生地コレクションがいっぱい。

居間は茶と白のインテリアで落ち着いた雰囲気。ソファにかかっているチェックのファブリックは田島さん自身が手がけたもの。ベージュのクッションはインド製の絨毯から製作。小テーブルは韓国製のアンティーク。

着こなしのポイントは何よりもバランス。〃全身で、どうなの？〃

田島曉さんの仕事はテキスタイルデザイナー。洋服の材料となる布地の、素材や色・柄・質感などに、徹底的にこだわってきた。

「とにかく布好きなんです。アンティークとかヴィンテージとか、古い布も大好き。布にしみ込んでいる時間や物語に、惹かれますね」

服は素材とバランス

ファッション業界のまっただ中で40年、常に3年先5年先の流行を見据えて、作品を生み出してきた。そんな彼女が自身のために選ぶファッションの基準は、色や形ではなく、素材とバランスだ。

上質のコットンやウール、シルクなど、肌ざわりよく着心地のよい素材感が、何より優先する。

「それなりに目が肥えていますから、店頭でひと目見れば、素材や着心地はわかります。若い店員さんが説明してくださるのが、何か申し訳なくて（笑）」

バランスも、大切なポイント。

「〃全身で見て、どうなの？〃って、いつも考えます。パンツが好きで、スリムもワイドも、丈の短いものもはきます。合わせるトップスをタイトにするか、ガーンと大きくしちゃうか、コートを着るとどう見えるのか。15年ほど前に髪をこのベリーショートにしたら、全身のバランスがとりやすくなりました」

そして愛用の、スニーカーたち。

「ここ数年は、スカートにも。エレガントになりすぎないところが気に入ってます」

ぼちぼち断捨離も始めたけれど。

「洋服は結局、果てしなく〃欲しい〃ですね。減らしていかなきゃ、という思いとのせめぎ合いです。でも自分の似合うもの、好きなものがわかっていますから。出合ってしまったら、逆らえません（笑）」

家も自分もリニューアル

こだわりは、住む家のそこかしこにも、見て取れる。3年前、40年住み続けた実家をリフォームし、愛着のある空間に磨きをかけた。ダイヤル式の黒電話と炊飯釜は、今も現役。和室の畳の上に座ると、ほっこりやさしい気持ちになる。暮らしの素材も、大切にしているのだ。

そして今、再始動に向けて、自分自身のリニューアルにも取り組んでいる。

「最近また、モダンバレエを始めました。昔、6歳から17歳までやっていたんですが、63歳にして再開です。伊藤通郎という方が始めた流派で、独特のメソッドがあるので年配の私でもついていけます。身体を動かすのは、やっぱり気持ちよいですね」

大好きな自然素材の服には天然石のアクセサリーがよく似合う。中央のくりぬきの瑪瑙の指輪はお母さまの思い出の品とか。

お気に入りの時計はカバン ド ズッカのもの。カーキ、茶、ゴールド、赤と4色をブレスレット代わりに使い分けている。

田島さんが手がけて大ヒットしたレース系のファブリック。素材のよさ、色みや透け感などに、こだわりがうかがえる。

パンツにもスカートにもスニーカーを合わせる。ヘビロテはスプリングコート、ウォルシュ、コンバース、ニューバランスなど。

My treasure

アート系の画集

テキスタイルデザインのヒントが詰まっていて、見るたびにインスパイアされるとか。バティックから植物画まで、いろいろなジャンルのものが揃っている。「簡単に買える値段ではないので、長い間かけて買い集めたものです」

ダイヤル式黒電話は今も現役。「先日明治村の博物館を見学したら、〈電話の歴史コーナー〉に同じものが陳列されていました（笑）」

II

年齢を気にせず おしゃれ心と 冒険心をもち続けて

作家 下重暁子

イギリス家具が好きだという下重さん。落ち着いたオレンジのソファもイギリス製。襟に刺しゅうしたブラウスと上着は、ウィーンのハンドメイドショップで購入。丸みのあるボタンに雰囲気が。

しもじゅう・あきこ

1936年生まれ。'59年、早稲田大学教育学部卒業。NHKに入局、アナウンサーとして活躍後、フリーとなり民放キャスターを経て、文筆活動に入る。ジャンルはエッセイ、ノンフィクション、評論、小説と多岐にわたる。著書多数。講演会も全国で精力的に行っている。日本ペンクラブ副会長。日本旅行作家協会会長。

1955 大阪市大手前高校卒業

1959 NHKに入局。アナウンサーとして活躍する

1972 結婚

1977 エジプト滞在を機に、本格的に文筆活動を始める

2005 JKA（旧日本自転車振興会）会長を歴任、辞任後作家として独立

2015 『家族という病』が61万部を超えるベストセラーとなる

hair & make-up:Izumi Kamabayashi　text:Shizuko Mizuta

My treasure

伯爵夫人のネックレス

元伯爵・外務大臣だった陸奥宗光の妻で、鹿鳴館の華とうたわれた亮子さんの、ダイヤのネックレス。宗光の長男、廣吉と英国人・エセルの17年にわたる純愛を描いたノンフィクション(P55参照)を執筆したご縁で、下重さんに贈られたもの。

(右)どこかユーモラスなクモと蝉のブローチはアルマーニ。勲章風のものは森英恵の店で、赤いリンゴのネックレスはパリのソニア リキエル、イタリア製の緑の石は軽井沢で購入した。(左)エジプトをはじめ中近東滞在時にバザールで求めた青い鳥のペンダント。

女性の生き方や家族のあり方、暮らしまわりのこと……など、数多くの著書がある下重暁子さん。そこに貫かれているのは自身の美意識と、ブレない信念。ファッションや自宅のインテリアにも、その潔い姿勢がうかがえる。

「奇人、変人の類です（笑）。人と同じことをしない、同じものを着ないというのが、小さい頃からの私の美学。そこにこそ〃個人〃としての存在価値がありますから。昔、オードリー・ヘプバーンが黒のセーターと黒のスリムなパンツでパーティに現れて、どの女優より美しく存在感を放ったという、素敵な話がありますよね」

「大正時代のモガだった、おしゃれな母」のもとで育った。圧倒的な個性で高校時代は「制服が気に入らなくて、自分でデザインした服で通っていました。大学の卒業式で袴をはいたのも、たぶん私が最初だと思います」と話す。

家でもきちんと感のある服で

「私のおしゃれは基本的には、パンツ

江戸時代の藍木綿の筒描きを蒐集。パリ日本文化会館をはじめ日本各地でコレクションを展示する。

器好きでも知られる下重さん。地方のあちこちで集めた豆皿や季節感のある猪口。「物は使ってこそ生きる」が信条。

三笠宮寬仁親王殿下のお供で訪れたトルコで購入した絨毯。絹の光沢がとびきり美しい。「ひと目惚れでした」

英国の、今はなきロイヤルドルトンの古い窯で焼かれたセット。ブルーの縁が特徴で日本の草花が描かれている。

エジプトに滞在した時代に購入した物入れと、青銅の猫の像。家は、訪れた世界各地の家具や品で、無国籍な調和を見せる。

並木道を見下ろすバルコニーで。数年前に購入したジョン・スメドレーのニット。「縞の色合いと素材の薄さ、柔らかさが気に入って長年愛用。執筆中も肩がこらなくて重宝しています」

人と違うものを身に着けるからこそ個人として輝く

スーツが多いでしょうか。歴史を振り返ると女たちがパンツをはくようになったことは、本当に革命でしたね。ベーシックなラインが好きですから、30年ぐらい前のものも大切に着ています。ちょっといいなと思ったものは飽きますし、本当によいと思うものしか買わないからもつんですね。ハイブランドのものにはいっさい興味がないのに、気づけばアルマーニのものが多い。着てみると心地よく、シルエットがきれいなのはさすがです」

そしてジャケットの胸元に、スカーフや個性的なブローチで、遊びを取り入れるのが下重さん流。

「クモのブローチとか（笑）。ジュエリーは母から譲り受けたものがいろいろとありますけど、興味がなくてまったく着けませんね。クモが好きなのは、幼少の頃、肺を患って学校へ行けず寝ていた時期がありまして、クモと遊んだりしていたから。あの孤独な時期が、私を物書きに向かわせたと思います」

毎日、違う服を身に着ける。「家だからといって、ラフではあっても、だらけた格好はしません。つれあいがそういう人ですし、適度な緊張感があったほうが、気持ちよく暮らせますね。年齢を重ねてきて気をつけているのは、いちばんに清潔感です」

そして、ときれいな口調で言う。

「いつまでもおしゃれ心を失わないこと。何歳だからなんて、もってのほか。制約なんて何もないし、人目など気にせずどんどん冒険すればいいんです」

暮らしをともにするもの、すべてに「本物」を選び抜くという下重さん。

「器ひとつにしても、強く惹かれて欲しいと思ったときには、私は必ず工房を訪ねて作者にお会いするんです。物はただの物ではない。創る人の心、精神が込められていますから」

芯のある、美しい生き方に学ばされることは多い。

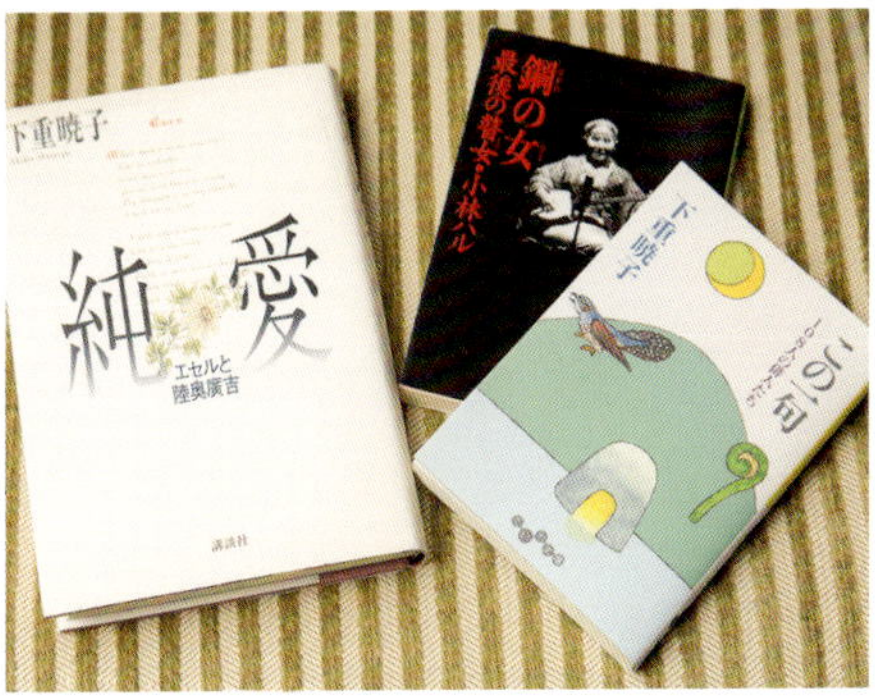

陸奥廣吉とエセルの恋を描いた『純愛』。渡英し取材を重ねた。渾身のノンフィクション『鋼の女　最後の瞽女・小林ハル』と、『この一句　108人の俳人たち』。

12
女優、ボランティア、習い事、すべてに全力投球

女優
音無美紀子

友人たちが集まる大きなテーブルの前で。お気に入りのニットとスカンツで。

おとなし・みきこ

東京出身。頌栄女子学院高等学校卒業後、女優へ。代表的な作品は、映画『男はつらいよ 寅次郎紙風船』『その男、凶暴につき』、舞台は『おんなの家』『屋根の上のバイオリン弾き』、TVは「鹿男あおによし」「おんな太閤記」ほか多数。夫は、俳優の村井國夫氏、娘の麻友美さん、息子の健太郎さんも役者として活躍中。

1949 6人姉妹の四女として東京都大田区にて誕生

1976 俳優村井國夫氏と結婚

1978 母が逝去。子どもを持ちたいと強く思う

1982 長女出産

1985 長男出産

1988 乳がん手術後、うつ病に。復活後、健康こそが宝と生活改善をした

(右)野草酵素、梅の酵素、秋の野菜の酵素を、健康のために年3回手作り。特に野草を約10kg摘んで作る野草酵素は金メダル級、元気のもとだ。(下)グリム童話にちなんだ小さな飾り皿のコレクション。お料理好きな音無さんはテーブルウェアなど、暮らしまわりの小物を集めて飾るのも好き。

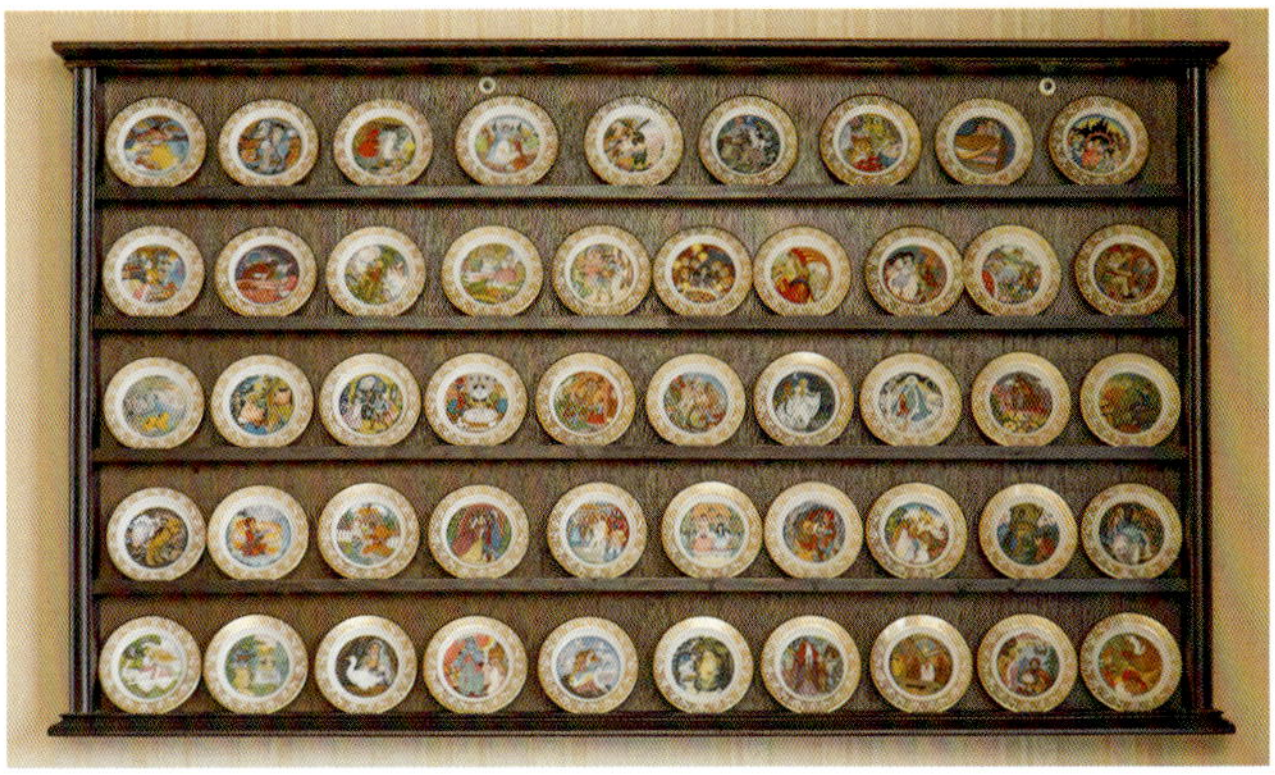

「今日は久しぶりにカレーパンを作りました」。生地がおいしくまさに絶品！　パン教室には20年以上通っているベテラン。食事は夫婦で食べることが多い。今日のブランチは、カレーパン、野菜サラダ、パプリカのスープ、常備している自家製ピクルス、酵素ドリンク。

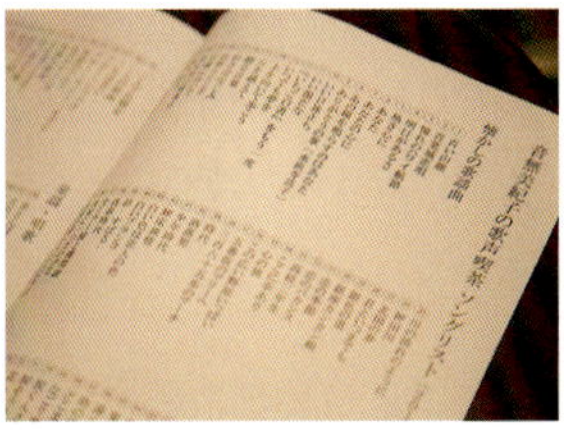

2011年の東日本大震災の復興支援チャリティとして、仲間と「音無美紀子の歌声喫茶」を結成。'11年の12月よりスタートし、東京、被災地各所で開催している。ソングリストは懐かしの歌謡曲、童謡、唱歌、世界の歌など160曲あまり。東京では100名以上の参加者で盛り上がる。村井國夫氏、NYから来ていた八神純子さんなど毎回豪華ゲスト陣が揃う。

いつも明るく前向きな音無美紀子さんは、家族だけでなく、仕事仲間や知人友人と、周囲の人たちを元気にしてくれる太陽みたいな存在だ。

女優としての活動はもちろんのこと、東北復興支援のためにボランティアで歌声喫茶を主宰し、健康維持のために野草の酵素を作り、料理教室やパン教室へ通っては家族や友人たちを喜ばせる、とまさに八面六臂の大活躍の日々を送っている。

自分に似合うものを知っている

白いドットのグレーニットにスカンツ。ふんわりした大人の可愛らしさが音無さんによく似合う。おしゃれのルーツは子ども時代にさかのぼる。6人姉妹の4番目。ご両親が三越婦人服部から独立して起業。三越の婦人服の仕立ての仕事をしていた。姉妹は揃いの下着からワンピースまで、お母さまがデザイン・仕立てをしたものを着ていた、という恵まれた環境。

「そのおかげでしょうか。小さな頃か

ら自分の好みと似合う服を知ってた気がします。本当は昔の女優さんみたいにウエストをキュッとマークしたギャザースカート、ハイヒール、真っ赤なリップというスタイルに憧れるけど。ほら、ジャックリーヌ・ササールやダイアン・キートンみたいな。日本の女優さんでは草笛光子さん、カッコいい方です」

青春時代はアイビー全盛。今でもトラッドなテイストの服が好きだし、何より音無さんに似合っている。

「服はデザイナーを目指していた姉や妹がブティックをやっているので、そこから調達。私の好みもサイズも知っているので助かっています(笑)」

窓辺の花に水やり。シルクとコットンニットのプルオーバーは妹さんのブティック「リベカ」から。ブルーのラップスカートに似合う。

家族の健康は食生活から

一時、体調を崩していた時期もあった。その後精神的に不安定なことも。

「そういう経験が食生活を見直すきっかけになった」と音無さん。

「結婚後、きちんと料理を習いたいと和食、イタリアンやパンを習いに行きました。今でも時間があるとお料理教室に行って家庭料理のヒントにしています。家族全員元気でいられるのはきちんと食べているおかげかな」

一家揃って役者稼業。舞台などに穴はあけられない。健康管理は何よりも大事なのだ。手間のかかる酵素を手作りするのもそのため。村井氏も毎日飲んでいるそうだ。家族の健やかな生活を守る、揺るぎない主婦としての軸がまた、音無さんの魅力でもある。

取材時はたまたまご一家は自宅に。それはとても温かい雰囲気で、音無さんの元気のもとはここにありと納得。

台本の入る大きめのバッグを愛用。左のバーキン、奥のシャネルは仕事にも使う。右の布製のバッグは左ページのリュックと同じ「シンクビー!」のもので、軽いのがお気に入り。

(上)誕生石のターコイズは白いシャツとの相性もよく愛用している。奥のネックレスは友人のアクセサリーデザイナーが作ってくれた。(下)フランク ミュラーは還暦のお祝い、ロレックス、ティファニーなど時計はすべて村井氏からの贈り物。

My treasure

私の宝物は村井さん

音無さんにとって、また村井氏にとって、お互いが宝物というくらい仲よしな夫婦。村井氏は「僕はこの人がいないと生きていけないので、少しでも僕より長生きしてほしい」と。子どもたちが成人して、今は愛犬のミルクとショコラが子どものような存在。

食にこだわる健やかな生活が大事だと実感

音無さんにとって永遠の、大好きな白×濃紺の組み合わせ。白シャツは遊び心のあるβの刺しゅう入り。濃紺のプリーツキュロット、白いスニーカーも同じコムサステージで購入。大人のカジュアルのお手本。リュックはシンクビー！。

ファッションとは自分という存在を伝え、表現するもの

13

大宅映子

評論家
（公財）大宅壮一文庫理事長

おおや・えいこ

1941年、東京都生まれ。評論家として国際問題、国内政治、経済問題、子育て問題ほか多様な問題に取り組む。大宅壮一文庫理事長、西武ホールディングス社外取締役。日本年金機構理事。東京都情報公開・個人情報保護審議会委員。著書『女の才覚　日本の女性が失くしてしまったもの』（ワニブックス）ほか、多数。

1963
国際基督教大学卒業

1964
PR会社勤務中、結婚。2年後に長女、その4年後に次女を出産

1978
マスコミ活動を始め、執筆、講演で活躍。政府各種審議会の委員を多く務めた

TBS・TV「サンデーモーニング」、TBSラジオ「大宅映子の辛口コラム」ともに30年近く続いている

text:Shizuko Mizuta

出番の多いアルマーニのスカーフ。ふんわりした透け感と、主張しすぎない色合いが、さまざまなシーンで活躍。

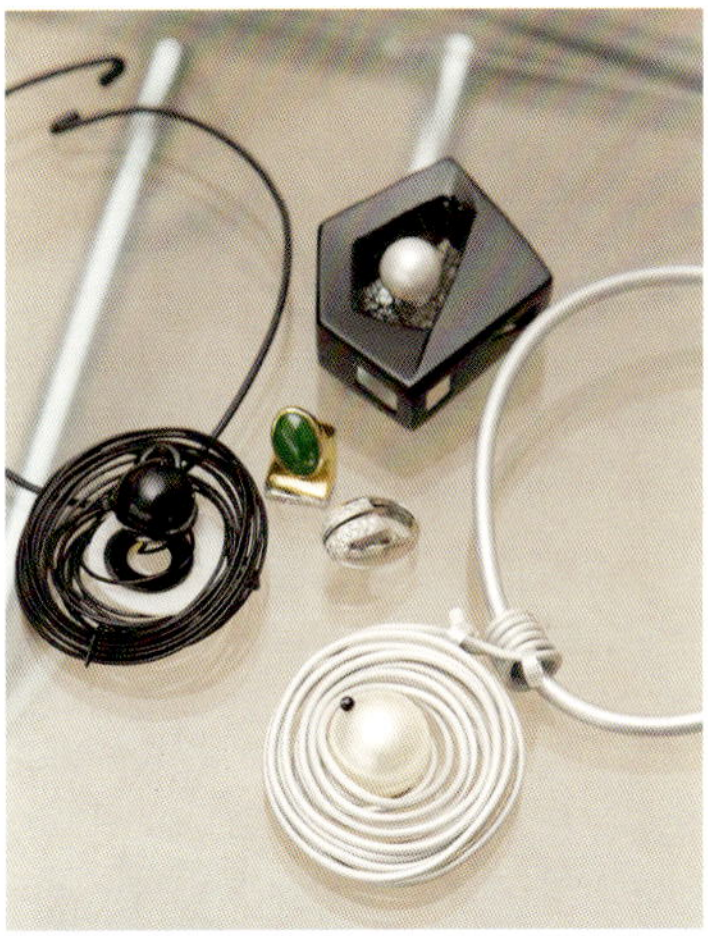

(上)ジュエリーのほとんどは造形作家の、和田隆にオーダー。身に着ける人の感性を引き出すといわれ、大宅さんの世界観にぴったり。真ん中の翡翠の指輪は、父から母へ贈られたもの。(下)ターコイズのネックレスはハワイや、サンフランシスコで購入。

CNNの流れるリビングで。チェストの上には、夫妻の結婚式のフォトや家族の写真が。仕事に邁進しながら、家族を慈しんできた時間がうかがえる。服はイッセイ ミヤケのプリーツプリーズ。靴はボッテガ・ヴェネタ。

(上)動物の置物は義母が中国の旅で購入してきた思い出の品。玄関向かいの棚に飾られている。(下)リビングの壁に掛けられたピカソの鳩の絵。額は、「鎌倉彫をしていた義母の手作り」で、絵をいっそう引き立てている。

左腕には長年、愛用しているブルガリの時計。「昨今の学生の全員同じ就活スーツ、なんとかならないの？　私なら採用しないけどな(笑)」

憧れた 強い存在感のある K・ヘップバーン

知的でシャープな発言を社会に投げ続ける大宅映子さんは、ファッショナブルな人としても知られる。凛としたショートヘアと眼鏡、コメンテーターとして出演する番組で身に着ける服は、常に女性視聴者らの注目を集める。

「おしゃれは自分はこういう者ですと伝える〝自己主張〟だと思っていますから。スタイリストさんが集めたものを着ている方たちが多いけど、冗談じゃない、こんな楽しいことを人任せにするなんて。絶対に嫌ですね（笑）」

服選びは色を重視

舌鋒鋭い評論家、大宅壮一の三女として育った。「人任せにしない人生」は父親の「雑草教育」によるという。

「親が過剰に手をかければ、大輪の薔薇は咲くかもしれないけれど、庇護がなくなったらどうするのかと。特に私は姉二人と年が離れていてみそっかす。しかも美少女ではないので、何でもひとりでやる、自立して生きるのが当然と刷り込まれた（笑）」

おかげで好奇心と行動力が、人一倍、強い人間に。おしゃれにも敏感だった。

「高校時代から『Seventeen』や『VOGUE』を取り寄せ、デザイナーを夢みたり。素敵な真っ黄色のノースリーブのワンピースをオーダーし、似合うように、春から海に行って日に焼いたりした思い出もあります」

ベーシックの一歩は、就職したPR系会社の女性ボスの助言。「アメリカでは、同じ洋服を2日続けて着て来たら、外泊したと思われるのよ、と。毎日スーツを着替える金力はないからベーシックスーツを決め、スカーフやブローチで変化をつける、が私の基本になったわけ」

以来、スカーフやアクセサリー類は大切なアイテムとして活躍する。

大好きだというブルネロ・クチネリのストライプ柄のシャツに、サイドラインのきいた白パンツを合わせて。長身の大宅さんによく似合う。

ネイルははつらつとした赤色がメインと決めている。お気に入りのオニキスとプラチナの大ぶりなコンビのリングが、よく似合う。

My treasure

義母の作品の数々

義母の手作りによる、径30㎝ほどの鎌倉彫のお盆と、和菓子を載せた菓子皿。プロ級の腕前だ。紫陽花の柄がやさしく美しい。「審美眼のある人でした」

普段も履くが、10歳から大好きなカントリー・ミュージックを聴きに行くときは、ウェスタンブーツがマスト。

「服はまず色。そして柔らかい着心地ですね。年齢によって肌も変わるし似合う色が変わってくる。特にベージュが難しくなってきました。なので、できるだけ、特に顔まわりはきれいめなものを選んでいます。好きなグレーに赤や黄、うすいピンクなどを差し色にしたり。デザインも常にアンテナを張っていたいので、CMや若い人の雑誌なども絶えず目を通していますよ」

究極のおしゃれは「グレーのカシミアセーターにフラノのパンツ、白パールのネックレス」。そして「内側から出てくる確固たる存在感があったキャサリン・ヘップバーンが好き」と、いかにも大宅さんらしい思いを添える。

若い頃から体のサイズは変わらず、長年、「ゴルフには本気」。筋力をつけるためにパーソナルトレーナーについて鍛えている。「年だなんて言っていられないの」

誰におもねるわけではなく、自身の人生を楽しむ。こなれた大人の女性、それが大宅映子スタイル。

14

服もインテリアも本当に好きなものだけ集めてきました

主婦
西田敬子

アンティークのソファやテーブル、心の琴線に触れた絵画、シルバーとガラスのコンビネーションを活かした小物たちなど、好きなものが互いに響き合う居心地のよい空間。くつろぎのひとときは、お気に入りのプラダのスカートで。

 text:Mayu Okamoto

にしだ・けいこ

愛知県に生まれる。外務省員の夫と結婚後、夫の赴任に伴い旧ソ連時代のモスクワ、ワシントンD.C.に滞在。その後ロサンゼルス総領事、カナダ大使、国連大使を務めた夫のパートナーとして活動。一男一女の母でもある。2013年に帰国。

1980 ▼ 東京女子大学卒業後、外務省員の夫と結婚

1981 ▼ '84年まで夫の赴任に伴いモスクワに滞在

1989 ▼ '92年までワシントンD.C.に滞在

1999 ▼ 2001年までロサンゼルスに滞在

2007 ▼ '10年までカナダに滞在

2010 ▼ '13年までニューヨークに滞在

お客さまを招くとき、また招かれるとき活躍したのは、膝丈、ノーカラーのシフトドレス。素材と仕立てがよく、どこかに遊び心があるのがポイントとか。このマルニのドレスは出番が多く、同じものをもう1着購入。

礼儀にはずれないこと、そして自分らしさを忘れないこと

お住まいのこのマンションには、愛着の品がいっぱい。ボードの中には大好きなバカラやアンティークグラスのコレクションを収めてある。

愛猫、アメリカンショートヘアのレジ(正式名Regis・2歳)と一緒に。レジはヤンチャで、ときおり部屋の調度品を落としてしまうため、すべて専用のパテで固定しているとか。

部屋のあちらこちらに飾られている小物たちすべてが、居心地よさそうに、あるべき場所に置かれている。(右上)ガラスのコレクションの中でも一番のお気に入りは、バカラの燭台。(右下)ガラスの白鳥たちは、まるでみんなで踊っているよう。(左)鳥と鳥の巣をあしらった、春らしいしつらえ。巣の中には卵まで！

この美しい部屋の女主人は、西田敬子さん。現在の肩書は〈主婦〉だが、以前は〈大使夫人〉として、外交の表舞台に立っていた。外務省員のご主人の赴任先であるモスクワ（旧ソ連時代）やワシントンD.C.などに滞在、その後オタワ（カナダ）およびニューヨーク（国連）において、大使夫人として重責を果たしてきたのだ。

行く先々で各国のVIPをはじめ多くの人たちと交流を深め、日本に対する理解、その国との友好関係を増進するために努力したという。

「任国で知り合った各国の大使夫人たちは、どなたも自国の代表であるという強い意識と責任感をもち、自身の国の歴史・文化・伝統について誇りをもって語ることがおできになる。感銘を受けましたし、触発もされました。〝もしかしたら私が、その人が会う最初の日本人かもしれない〟。そのことを常に念頭に置いて、一つひとつの出会いを大切にするよう、心がけてきました」

プロトコールのもとで

国を背負った社交の場には、国際儀礼というものが存在する。たとえばパーティに招待されたとき、目的、時間帯、正式と略式によっても、服の素材や身に着けるアクセサリーの一つひとつにまで、かくあるべき、というルールがあるのだ。

「結婚するときに母が『エレガンスの事典』という本を贈ってくれたのですが、それがとても役に立ちました。けれどもそれは、あくまでもテキストブック。そこに記された基本はきちんと踏まえたうえで、自分の個性を活かした装いを心がけました。服装はその人の第一印象となりますから」

その装いは上品でエレガントなだけでなく、靴やアクセサリーなどそこそこに、〝今〟が息づいている。日本のイメージは彼女のおかげで、グレードアップしたに違いない。

心に響く美しいものだけ

お住まいは、アンティークの家具とモダンなアイテムが見事に融和した素敵な空間。大好きなシルバーとガラスが、クラシックな調度品や置物たちを引き立てている。

「私の心に響かないものは、部屋には置きません。長い年月、人々に愛されてきた古い家具や装飾品が好きです。それを慈しみ、私なりに工夫し、わが家のものにしてきました。コレクションに加えたいと思ったものは、地の果てまで追い求めます」

5年前日本に戻ってからは、大使夫人という役目を終え、何の制約もない日々の暮らしを楽しんでいる。

「これから時を重ねていくなかで、これまでの活動を通じて知り合った世界中の友人、素晴らしい先輩夫人方が、私にとってのロールモデルです。みなさま、豊富な経験とネットワークを活かして、文化芸術についての活動や、次世代の子どもたちのための社会活動に積極的に参加しておられます。私も何か始めなければと、思っているところです」

ウィークエンドハウスにあるアンティークのベンチは、ワシントンD.C.から持ち帰り張り替えた。「愛され、使い込まれた古い家具に手を加えてわが家のものにしていきます」

My treasure

人生を語る本

お母さまから贈られた『エレガンスの事典』、赴任先での生活に役立った『国際儀礼とエチケット』、礼状を書くときの虎の巻『101 WAYS TO SAY THANK YOU』、大好きな小説『春にして君を離れ』、娘さんから贈られた『あたしのママ』。

(左)サングラスはイレステーバがお気に入り。大ぶりのものを愛用している。(右)シンプルなワンピースやジーンズの上にスプリングコートを羽織るのが春先の定番スタイル。ユニークなプリント柄が楽しい、上はプラダ、下はメアリーカトランゾのもの。

ティナ・チャウのお母さまと親交を深め、ティナがオリジナルで製作していたサシェや香水の原液など遺品の一部を受け継いだ。

靴は季節ごとに新しいものをゲット。「コンサバティブな服でも、靴はエッジのきいたものを合わせます」

ウィークエンドハウスの応接間には、27個の鳥の置物が飾られている。スイートピー柄のスカートはプラダ。

(上)ご両親から贈られたチャームを4つつけた、カルティエのブレスレット。チャームのひとつは友人から贈られたティファニーのもの。(中)身に着けるピアスはフープのみ、と決めている。(下)娘さんが毎年クリスマスに贈ってくれるボッテガの指輪。下に敷いたのは大好きなスワトウのハンカチ。

アーティスト
杏子

15
自分にはなかった〝ヤンチャ〟に憧れて、ロックを始めました

ステラ マッカートニーのセットアップは夜空に花火が上がっているよう。星模様の厚底サンダルと黒いチョーカーがきいている。

きょうこ

高校時代からアマチュアバンドを結成、大妻女子大学卒業後、大手商社に勤務しながらライブに出演。1984年から'92年まで「バービーボーイズ」として活動したのち、ソロのアーティストに転向。女性ロックミュージシャンの草分けであり、今もソロ活動やさまざまなミュージシャンとのコラボで実力を発揮している。

高校時代からバンド活動を始め、大手商社に勤務しながら音楽活動を続けていた

1984 ロックバンド「バービーボーイズ」としてメジャーデビュー

1992 解散。ソロアーティストとして活動を開始

1998 スペシャルユニット「福耳」を結成

hair & make-up:Jin Murahata　text:Mayu Okamoto

杏子さんは1980年代、日本のロックシーンを牽引したアーティスト。当時の音楽に魅せられる若者が増えている今、「バービーボーイズ」の杏子はまさにレジェンド。ハスキーな歌声は今も変わらず、魅力的だ。

バービー解散のその朝に

ロックな女に見えるけど、実は杏子さん、根はすごーく、まじめな人。

「地味すぎなんです。バービーのときも〝こんな歌詞を歌って悪い女と思われたらどうしよう？　お嫁に行けなくなる！〟って思っていたくらい（笑）。子どもの頃から親の言うことを聞くよい子だったので、反動で不良っぽいものへの憧れが強いんです」

部屋もシンプル。ジョン・レノンの「イマジン」のビデオに出てくる真っ白い部屋が理想、なのだけど、部屋の隅には極彩色のトーテムポールが！

「バービーボーイズが解散することになって、最後の打ち上げがツラすぎるからひとりで抜け出したんです。記念

「バービーボーイズ」解散記念のトーテムポール。以来26年、一緒に生きてきた。ビーズフリンジのタンクトップはコシノジュンコ。

写真やチケットなどをコラージュして作る旅日記。その日のスケジュールや出会った猫のイラストも。旅の思い出が生き生きとよみがえる。

(上)スターバックスで毎年大人気の干支シリーズのマグカップ。「ちょっと可愛いなと思って買い始めたら、もう10年(笑)。あと2つでコンプリートです」（下)江戸切子のグラスは、その美しさに惚れて買ったのがコレクションの始まり。友人からプレゼントされた逸品も。

に何か買おうと早朝の町を歩いていたら、インポートの家具屋さんの店先にこれがあった。値札は16万なのに『6万円でいいです！』って言うから、じゃ、これでいいか、と（笑）」

以来、ソロのアーティストとなり、現在26年目。ファッションはいつも、バランス重視で選んでいる。

「身長が157㎝しかないし、どうしたって昭和の女なので、バランス悪いんです。夏場にロングスカートを着るときはぺたんこ靴ですけど、パンツのときは絶対、厚底。ステージ上で動けて安定感のある厚底靴を、スタイリストさんと一緒にいつも探してます」

シーズンごとに必ず行くのが、渋谷のファッションビル、109。

「刺激になります。服や靴も面白いし、販売員のお姉さんたちがみんな若いのにしっかりしているしおしゃれだし。彼女たちと話をするのも楽しいの」

江戸の絵画はロックだ！

絵本に夢中になったり、映画館に通いつめたり。熱しやすく冷めやすいという杏子さんがここ20年ハマっているのが、江戸中期の画家たち。

偶然入った伊藤若冲展で心奪われ、いろいろ見るうち、長沢芦雪にメロメロに。師匠である円山応挙にも心惹かれて、ついに昨年、作品を手に入れた。

「この虎、可愛いでしょう？（笑）大好きな芦雪の先生、応挙にも、こんなヤンチャな作品があるんです。型にはまらないロックな姿勢に憧れています」

同じようにヤンチャな魅力を感じるのが、最近知り合ったデザイナー、コシノジュンコさん。

「ジュンコ先生のデザインは直線と曲線を巧みに操る絶妙なクールさとキュートさが魅力です。もはやアート！ それに発色も素晴らしい！ 私は中間色を着ることが多かったのに、最近、先生の鮮やかなブルーに魅せられて、挑戦してみました」

いろんなヤンチャに憧れて、磨かれて。杏子さん自身のヤンチャは、これから本格的に始まる、のかもしれない。

My treasure
大事な手紙

飾り棚には、CHABO（仲井戸麗市）さんのライブに行ったあと、本人が送ってきた礼状を額装して置いてある。「ライブも素晴らしかったし、すごくうれしかったの。私の宝物です！」

（左）靴は厚底系が好き。「ステージでは特にマスト、ですね。安心して動ける可愛い靴が欲しくて、いつも探しています！」（右）ステンドグラスの卓上ライトは、所属事務所オーガスタの20周年記念に友人がプレゼントしてくれたもの。

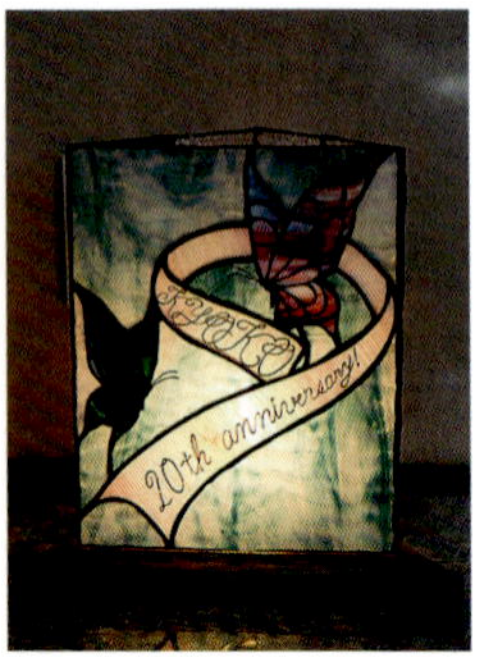

（左）さかなクンが打ち上げで、店のランチョンマットに描いてくれた鯖の絵。持ち帰って額装し、飾っている。（右）江戸中期の画家が大好き。とりわけ伊藤若冲、長沢芦雪、円山応挙にハマっている。関連する画集がずらり。

江戸の絵画や109、いろんなところから刺激を受けています

杏子

ソロになって25周年を迎えたとき、記念に思いきって購入した円山応挙の双幅の軸。描かれている虎が思いきりキュートだ。チャイナカラーのブラウス＆スカートはケイタマルヤマ。

ファッションについて、「あまり真剣に考えたことないかな」という室井滋さん。「小さい頃はおしゃれ大好きな子だったんですけどね。大学で芝居を始めたら、普段の自分は素のままでいいやっていう気持ちになった。人前に立つようになってスタイリストさんやメイクさんのお世話になってからは、こうすれば私だってイケルじゃん、と知恵がつく一方で、自力じゃ到底そこまでたどり着けない。だったらできる範囲で、そこそこの服を着てればいいのかなって（笑）」

〝買い取りの室井〟

ハイパー・キャリアウーマンから田舎のおっかあまで、何を演じてもハマるザ・女優。と同時に今も連載を何本も抱える名エッセイストでもある。だからいつも、荷物が多い。

「リュック背負ったりするから、それに似合う格好っていうと、カジュアルになっちゃうんです。でもいろんな役をやらせてもらうおかげで、予想もし

16

カジュアル上等！ でもこれからは、おしゃれしようかな

ジル・サンダーのコートは表がライトブラウン、裏が白の一枚革。レーシィな白ブラウスに茶系のパンツや小物で春らしく軽やかに。

室井 滋

女優・エッセイスト

むろい・しげる

早稲田大学在学中から〈自主映画の女王〉と呼ばれ、以来映画、ドラマ、舞台に数多く出演。エッセイストとしても活躍、近著に『おばさんの金棒』（毎日新聞出版）がある。声優、ナレーター、歌手としても評価が高い。2011年の『しげちゃん』（金の星社）から絵本にも挑戦。独特の作風に人気が集まり、絵本ライブで全国を巡回中。

1981 ▼ 映画『風の歌を聴け』でデビュー

1991 ▼ エッセイストとしてのデビュー作『むかつくぜ！』がベストセラーに。

1994 ▼ 映画『居酒屋ゆうれい』で報知映画賞最優秀助演女優賞ほか数々の映画賞を受賞

1999 ▼ 映画『のど自慢』で日本アカデミー賞主演女優賞受賞

日常品の買い物はすべて自転車で。事務所社長に「せめて高級なジャージを着て！」と言われ、この上着は銀座で購入。

右の赤いトートはエルメス。左の2点は知人が作ってくれた新聞紙の意外に丈夫なトート。どちらも使いやすくて大好き！

My treasure

エルメスの猫スカーフ

14年前、伊勢丹新宿店・ショーウィンドウに飾られているのを見てひと目惚れした、エルメスのスカーフ。パリの屋根に住む猫が主人公で、昼版と夜版の2枚。「身に着けたことはないんです。たまに広げて見るだけで、うっとり幸せになるの（笑）」

ないスタイルに挑戦することもある。自分では似合わないと思っていた超高級ブランドでも、着てみたらけっこう似合う、ということもあるんです。そういうときはうれしくなっちゃって」

スタイリストが用意した服を、そのままお買い上げ。〝買い取りの室井〟という異名もあるとか。

「それに、おしゃれしてるかしてないかで、世間の風当たりが全然違いますよね！　以前、深夜にロケ先からボロボロになって東京駅に着いたことがあって、タクシーの運転手が、トランクに荷物を積み込むのを手伝ってもくれないんですよ。逆にすごいおしゃれしてるときは、わざわざ降りてきてドアを開けてくれる運転手さんもいるし。確かにね、身ぎれいにしている人のほうが、見ていて気持ちいいですよね。私もこの先、もうちょっと気をつけようかなって。まずは少し痩せて、ウチにある洋服の山を整理して、帽子に眼鏡にバッグに靴、すべて完璧コーディネートみたいなのを、したいですよね」

陶器の富士山、キツネのお雛様など、面白いものがいっぱい。右端はファンが作ってくれた「花子とアン」の〝おっかあ〟人形。

好きな手拭いを「衣裳らくや」に持ち込み、パッチワークで半纏に。床の間の額は声優を務めた『ファインディング・ニモ』のドリー。

猫が快適に暮らせる家は、人間にも暮らしやすい

家中、愛着の品だらけ

家の中には、面白そうなものがいっぱい。好奇心旺盛で顔も広いせいか、日本中からいろいろな物が集まってくる。銘品や珍品が、所狭しと置いてある。そしてもちろん、あちらこちらに猫のタイルや猫格子、猫の雑貨や置物、そして本物の猫もいて、やっぱり室井さんは、猫が好き。

「14年くらい前にこの家を建てたんですけど、そのときに私の動線、猫の動線と、みんなが居心地いいように考えて作ったんです。おかげで住み心地はいいんですけど、問題は物が多すぎること。服もそうだけど、断捨離したくても、なかなかできなくて」

この人形を作ってくれたのはこんな人、これを贈ってくれた人とはこんな話があって、と、どの品にも素敵なエピソードが隠れている。愛があふれて、片づけきれない気持ちもわかる。

家は人なり。室井さん、やっぱり人も好き、なんですね。

家の中でここが一番のお気に入りというサンルームで、愛猫チビ(18歳)と。壁には画家・久家貴史の猫タイルがはめ込んである。

「猫グッズを」とお願いしたら、着物、帯、食器、アクセサリー、小物入れ、文具などが大量に登場。「いただき物もあるし、自分でもつい、買ってしまうんです(笑)」

トイレの窓の外にも、猫たち。猫の面格子はデザイナーと相談して作ってもらった鉄製の特注品で、防犯と可愛いを同時にクリア。「普通の柵じゃ味けないので、家を建てるときに考えました」

17 イタリアマダムを彷彿させる完璧な抜き加減

大石敦子
ライフスタイル・ナビゲーター

好きな色はネイビー。＋Jのネイビーのシャツに、インドでオーダーメイドしたレザースカート。採寸が上手でオレンジとスカイブルーもオーダー。靴下屋のスモーキーターコイズのタイツをきかせて。

おおいし・あつこ

パリ・南仏・ミラノで暮らしたのち、ヨーロッパのファッションブランドを扱うプレスオフィスを運営。2006年に体調不良でオフィスをクローズ後、インドのアーユルヴェーダで元の状態よりも健康になる。現在は心と体の究極の健康を目指す個別コンサルティングや講座を開催中。www.oishiatsuko.com/

1958
静岡市生まれ

1982
早稲田大学卒業。B-Gグループ入社

1993
アパレル会社の駐在員としてミラノ移住。ファッション誌に「ミラノ通信」を連載

1999
帰国。(有)リュディック設立。銀座にプレスオフィスをオープン

2008
アーユルヴェーダ等ヘルス関連事業・ジュエリー事業スタート

インドで仕入れている最高級クォリティの肌ざわりのいいカラフルなパシュミナのストール。

審美眼にかなったジュエリーは、VAJRA COLLECTIONのリング、時計はカルティエのパシャ、ミレニアムモデル。

My treasure

カラーストーン

完全予約制の展示会で販売もしているジェムジュエリーは、ラッキーチャームのよう。熱処理して色を出したりしていない、ナチュラルな石のコレクションだ。ライラック色の翡翠は香港で見つけたもの。ほかはインドのもの。

パールは宇和島で丁寧に育てられたイリスパルーレ。虹色に輝くバロックパールはシックで華やか。

 text:Mari Katsura

エレガントな装いの中にも必ずカジュアル感をプラス

おしゃれはプレイフルに

「着こなしで大切にしているのはカジュアル感です。エレガントとカジュアルのバランスに重きを置いていますね。きっちりしていながら、頑張った感じがしないように、必ずどこかにハズシを入れるんです」と大石敦子さん。ミラノに長く暮らしたこともあり、イタリアマダムを彷彿させる颯爽としたスタイルの持ち主だ。ミラノの女性の着こなしも自身の着こなしにかなり影響したという。

「その頃パンツスーツの女性が多かったけれど、ミウッチャ・プラダもフランカ・ソッツァーニもシンプルなニットに膝丈のスカートでした。膝丈が一番脚がきれいに見えるんですよね。私も普段、デニムもはきますが、外出するときはスカート派です」。ワードローブもヨーロッパにいた頃に買ったものが多い。大石さんらしいのが、つい目がいってしまうという迷彩柄のコレクション。ともするとカジュアルになりがちなイメージだが、いかに大石さんらしい遊び心で大人の迷彩にまとめるかが腕の見せどころ。

「迷彩は元気なイメージで好き。カーキがベーシックカラーなので案外合わせやすいんです」と、アズディン・アライアのスカート、ジュンヤ ワタナベのニット、マーク ジェイコブスのパンプス、セルジオ ロッシのポニーのバッグなどを愛用。靴は、低めのパンプスが定番で、おしゃれの仕上げは、インドジュエリーやバロックパールだ。

普段着にも本物の貴石を

「すごい石を使っているけど高そうに見えない、おもちゃっぽいところがいいんです。コーディネートには、変わった色のバッグを合わせたり。必ずどこかひと捻りさせています。服は、どんなにいいものでも着たら飽きる消耗品。高い服は若い頃のようには買わなくなりましたね」

「ジュエリーは昔から、いただいたり、ヨーロッパに行ったときに買ったりで集まりました。今は、ジュエリーの展示販売もしているので、仕入れになってます。名字も大石なので、石には縁があるみたいで（笑）」。無造作にいつも身に着けていても品がある。さすが絶妙なバランス力だ。

ところで、大石さんは体調を崩した経験から、今では自他ともに認める健康オタク。インドやスリランカのアーユルヴェーダ、ヨガ、オーガニックフードなどにも精通している。年々若返る彼女を美と健康の師と仰ぐ友人たちも多く、指導を請われるほど。さまざまな知識を彼女流に研究、実践し年齢を超えた美しさを追求している。

裾にビーズを施した迷彩柄のコム デ ギャルソンのスカートに、カシミアのニットフーディーを合わせて。

(右)マヌカハニーやスパイス、スーパーフードであふれる大石さんのパントリー。海外のサイトから取り寄せている。(左)定番メニューのひとつが、ムング豆に水を振り、布巾をかけ1〜3日ほどかけて発芽させ、野菜、カシューナッツを加え、レモン汁、塩・胡椒で味を調えたサラダ。

(右)朝欠かせないケール、りんご、パセリなどのジュース。(左)ヒマラヤの「セブンメタルズ」という7つの鉱物でできたシンギングボウルと科学的に分析し内臓に最大限にきかせるというアイアンガーヨガの教本、シバナンダヨガはインドのトリバンドラムでティーチャートレーニングコースに参加した。

18 ニューヨークの風が私らしさを引き出してくれました

中村裕子
NYパワーハウス代表

『音和座』公演を開いた東京国立博物館内応挙館前で。プロデューサーは裏方とはいえ、赤をきかせた装いで。

面白そうなライブやコンサート会場で、中村裕子さんをよく見かけた。品がよくて人当たりがやわらかくて、いつもおしゃれな奥さま風。だけどその正体は、彼女自身がそのライブを企画しているプロデューサーだった！

専業主婦からショービズ界へ

中村さんがショービジネスの世界に足を踏み込んだのは、13年間にわたるニューヨーク生活から日本に戻ったあと。二人の娘が大学に入り、そろそろ子離れ、と思った矢先のことだった。友人のジャズシンガーがレコーディングすると聞き、スタジオに応援に駆けつけたのがきっかけだとか。

「そこでミュージシャンの方たちと仲よくなって、何かお困りのことがあったら、私がしましょうか？と、そこからです。学生時代は演劇サークルに入っていましたし、ミュージカルを観るのが大好き。でも自分には才能がないので、せめて裏方とか企画で役に立ちたいの（笑）。大きな家に住んでいた

なかむら・ゆうこ

女子大を卒業後すぐに結婚、専業主婦となり、二女をもうけた。夫の転勤でロンドン、ニューヨーク合わせて十数年間を海外で過ごす。2001年帰国後、自分が感動したミュージシャンの活動をバックアップするため「NYパワーハウス」を設立。ジャズ、クラシック、邦楽と守備範囲が広く、アーティストからの信頼は厚い。

1954 青森県生まれ、横浜育ち

1976 聖心女子大学卒業後、すぐに結婚

1978 夫の転勤でロンドンへ。2年後長女を出産

1982 帰国後、次女を出産

1988 夫の転勤でニューヨークに渡り、13年間アメリカで生活

2001 帰国後、アーティストの活動をサポートする「NYパワーハウス」を設立

(右)バッグはフランスで活躍するデザイナー、ヤス・ミチノのものを愛用。2年前に伊勢丹新宿店で購入。シルバーのバッグはちょっとしたパーティにも。(左)着物地を洋服に甦らせる名手・佐藤杏梨デザインのコートやチュニック。モダンで粋、ボタンや裏地などディテールまで凝っている。

自宅の居間でパソコンを開けば、そこがオフィス。毎日早起きして散歩したあと、午前中からバリバリ仕事をこなす。常に数本の企画が同時進行中とか。

My treasure

アフリカ旅行の思い出

「ケニアの国立公園内に住む中村千秋さんと知り合い、アフリカに旅行をして大自然と動物たちの虜になりました。象やキリン、シマウマなど動物モチーフの小物を置いて、暇があるとアフリカに思いを馳せています」

ので、居間でミニコンサートを開くこともありました。40~50人はいらしたかしら。もともとホームパーティを開いてみなさんに楽しんでもらうのが好きですしね」

同じ頃、秦万里子と出会い〝半径5メートルの日常を歌う音楽家〟をプロデュース。会社を立ち上げ、仲間と一緒にノウハウを吸収していった。

以来クラシック、シャンソン、邦楽と、ジャンルも人脈も広がった。

「私が感動したら、普通の、一般のお客さんも感動してくれると信じているんです（笑）。専門家じゃない素人の立場で、お客さんの立場で、面白いもの、やさしくて楽しいものを企画していきたいですね」

NYが教えてくれたこと

中村さんのファッションの原点は、ニューヨークにある。

「スカースデールという高級住宅地に住んだので、エリアの雰囲気や住民たちの素敵なファッションに刺激を受け

(上)断捨離したとき専門家から〝アクセサリーは色別収納が便利〟とアドバイスされたとか。(下)ニューヨークで入手した音符のアクセサリーや鍵盤モチーフの小物も愛用。

ライブハウス「六本木クラップス」を舞台に企画することも多い。ジャズ、邦楽、クラシックと守備範囲が広いので、服装もいろいろ。この日はイッセイ ミヤケにヨウジヤマモトのジャケットをオン。

これも着物地の達人デザイナー、佐藤杏梨のリメイクジャケット。鮮やかなブルーと懐かしさのあるプリントが絶妙にマッチ。「人と同じ服は嫌なんです。できればアーティスティックなものを身に着けていたいですね」

なぜか大好きなトンボのアクセサリー。中央のヴィンテージネックレスは「ちょっと頑張って買いました(笑)」。

私が感動するものはみんなも感動するって、信じているんです(笑)

ました。それにニューヨークでは、ちょっと変でも自分らしい格好をしていると、通りすがりの人や店員さんがすごく褒めてくれる。それまで私、思ったことも口にしないようなタイプだったのに、だいぶ変わりましたね(笑)」

　ワードローブには鮮やかな色がいっぱい。高級ブランドよりも、個性的なデザイナーの一点ものが並んでいる。

「人とは違う格好がしたいんです。人と同じは嫌、流行モノも嫌、アーティスティックなのが好きです」

　というわけで、品がよくてやさしげでおしゃれ、しかも個性的なスタイルができ上がった。さらに、

「昨年離婚しました。そこそこ裕福な暮らしだったので、友人たちにはガマンしろって言われたんですけど(笑)。ひとり暮らしの小さな部屋に引っ越ししたので、持ち物は以前の8分の1くらい。断捨離してスッキリしましたし、何も不便はありません。こだわりが全部なくなって、今が幸せだから、いいかなって思っています(笑)」

この美しい立ち姿を見てほしい。

「73歳のオバアサンにしては、悪くないでしょ（笑）。最近、聞かれもしないのに自分から年齢を言ってしまうの。みなさん必ず〝えー！〟って驚いてくださるから、それがうれしくて（笑）」

色彩を着こなす

加藤タキさんがＴＶ出演や講演など、オンのシーンで一番愛用しているのは、イッセイ ミヤケのシリーズ。

「ことにプリーツは旅先にも必ず持って行きます。なんといっても軽い、シワが気にならない、コーディネートしやすい。そして一番大事なことは、アイデンティティがあること。どんな場面でも自分らしく、日本人らしく背すじをピッと伸ばしていられる。外国の方にも大好評なの」

右ページのブルー、左ページの赤と、鮮やかな色をさらっと着こなす。40代半ばから髪を染めるのをやめ、増えていく白髪を楽しむようになってから、どんな色も着こなせるようになった。

鮮やかなブルーのワンピースはイッセイ ミヤケ。アレンジ次第でシルエットががらっと変わる。「たくさん持っています、大好きなの」

19

〝ねばならない〟から解放されると、自由になれます！

加藤タキ
コーディネーター

かとう・たき

米国報道誌のリサーチャーを経て、ショービジネスの世界へ。海外のトップアーティストのCM出演交渉、音楽祭など国際間のコーディネーターとして活躍。現在は講演、TV、各種委員、著述などさまざまなメディアで活動している。父 加藤勘十、母 加藤シヅエはともに政治家・社会活動家。夫は建築家の黒川雅之氏。

1945 東京に生まれる
1964 オレゴン州ポートランドのカレッジに留学
1966～ 『タイムライフ』誌東京支局編集部に勤務。2年後に退社
1968～ 来日アーティストの通訳、コーディネーターとして活躍
1975 会社を設立
1982 再婚。5年後42歳で長男を出産

赤のトップスもイッセイ ミヤケ。白のパンツでクリーンなコーディネート。「髪を染めずに自然にしたら、どんな色でも着こなせるようになりました(笑)」

靴はミュウミュウ、アルマーニなど、8〜9㎝程度のハイヒールを愛用。一日中履いても平気。「ペタンコだと、逆に疲れてしまうんです」

メガネはファッションの一部。日本製、イタリア製など、色のきれいなフレームを各色揃えている。「クマ隠しにも、なりますものね！」

(上)ハートのついた金のブレスレットはオードリーからの結婚祝い。1971年、彼女が初めて日本のCMに登場したとき、交渉に当たったのがタキさん。信頼し合い、親交を温めていたという。(下)・(右)大ぶりなアクセサリーが好き。すべて桜井みどりデザインのアートジュエリーBOSCO。天然の木に純金、銀箔を貼るヨーロッパの古典額縁技法によるもので、とても軽い。

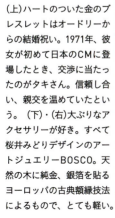

ツヤツヤ美肌のもと。飲んで内側から効く「イミディーン」と美容液「エコレーヌパーフェクション」。

母・加藤シヅエさんは日本で最初の女性国会議員。遺したジュエリーは、戦前のティファニーのブレスレットや御木本真珠店製帯留めなど、逸品揃い。まさに芸術品の域だ。

My treasure

オードリーからの出産祝い

出産したとき、オードリー・ヘプバーンが贈ってくれた出産祝い。ベビー石けんやサシェ、壁紙などを詰め合わせてある。「〝どれも私が選んだの。これを抱えて飛行機に乗ってきたのよ〟と言われて感激し、使わずにそのままとってあります。本当にやさしくて、思いやりのある女性でした」

ツェツェ「4月の花器」(奥)とその花器に着想を得て息子さんが小学生時代、ママのために工作した大切な花器。

「白髪だとなんでも似合うの。明るい色も無理がないし、黒や白も引き立つし。逆に若々しいって言われるわ(笑)」

カラフルなフレームのメガネを合わせ、大ぶりのアクセサリーを着け、ハイヒールで仕上げるそのスタイルは、まさにお見事！

さらにそのセンスを引き立てているのは、引き締まったボディだ。67歳から本格的に始めた社交ダンスのおかげで、二の腕やおなかの贅肉が消えた。

「すごい違いよ。服を着るのが、装うことが本当に楽しくなりました！」

年を言い訳にしない

元気で艶やかでエレガントな加藤さんに大きな影響を与えた女性がふたりいる。ひとりは母、シヅエさん。もうひとりはオードリー・ヘプバーンだ。

「母もオードリーさんも、同じことを言っていました。『人はそれぞれ生き方も嗜好も得手不得手もみんな違う。それがその人の個性なんだ』と。だからいつも私は私でいたいし、そのときど

自分を好きになる 自分を大事にする そして一歩踏み出す

自宅でくつろぐオフのシーンを撮影するのは、初めてかも!?　ジーンズに、襟元のドレープがポイントのポロのコットンセーター。アルフレックスのソファは長年愛用の品で、最近張り替えたばかり。

きの気分を大事にしたい。〃ねばならない〃から解放されると、自由になります。73歳だから73歳らしくする必要もない。いつもの服で、アクセサリーで、自分のスタイルでありたいの」

70代でもこんなにきれい、こんなに元気。いまだ自分のスタイルをもてない後輩たちには、こんなアドバイスが。

「まず自分を好きになること、自分を大事にすること。そうすれば自信がもてるようになるから。50代60代になると鏡を見るのも嫌になるけど（笑）、シミやシワをチェックするだけじゃなくて、自分の心の状態を見つめることね。そして鏡の中の自分がハッピーじゃないと思ったら、どうすればいいのかを考える。100歳まで長生きするかもしれない現代で〃私はこのまま老けていくだけ?〃って、自問自答は大事です。年齢を言い訳に諦めてしまうと、その瞬間から、老けます。老います。それが嫌なら、何か行動してみること。自分から一歩外に出て、踏み出すことが大切なんです」

今野政代

フラワーデザイナー
㈱ベル・フルール
代表取締役会長

こんの・まさよ

幼少の頃より学んだ生け花を基礎にフラワーデザインを学ぶ。日本のプリザーブドフラワーの第一人者として2002年には『プリザーブドフラワー・ブーケ＆アレンジメント』(六耀社)を出版。著書多数。ベル・フルール銀座本店をはじめ全国有名百貨店に店舗を展開している。

1976~'81 ▼ 結婚、3人の息子を出産

1981 ▼ 自宅でスクールを創業

1991 ▼ フラワービジネス専門学校の主任講師に

2002 ▼ WAFA世界大会（グラスゴー）3位入賞

2003 ▼ ベル・フルール設立。日本初のプリザーブドフラワー店銀座に出店

2013 ▼ 東京都優秀技能者知事賞受賞

2017 ▼ 代表取締役会長に就任

hair & make-up:Izumi Kamabayashi　text:Reiko Hakata

20 扱う花と同じく凛としたたたずまいを大切に装う

春らしいピンクの薄手ニットに細めのパンツ。はっきりしたピンクはむしろ大人が似合う。フラワーアレンジを楽しむ日常がのちの仕事につながった。

テーブルランナーを敷き、横に広がるフラワーアレンジを。花は爽やかなイエローとグリーンでまとめ、ナプキンはピンクを選んで、春らしく。

フラワーアレンジのときは黒が仕事着の定番。講演や社会貢献の仕事が多くなった今は、白いスーツやジャケットの出番が増えた。白は顔も明るくなり好印象。何より自分の気持ちがキリッと引き締まり仕事モードに。

プリザーブドフラワーのテキスト本はロングセラー。近著は『美しき日本の花のおもてなし』(すべて六耀社刊)。

My treasure

家族は私の宝物

3人の息子のうち長男はフラワーデザイン、次男は経営を担当して、今野さんの会社を引き継いでいる。今日は次男の友揮氏とお嫁さんとの3ショット。「日々仕事を通しても息子たちと互いの信頼を高め合えるのは幸せなことですね」

休日は家事をさっと片づけてブランチをテラスで。ノンアルコールビールなどを傍らに読書。心身ともにリラックスできる日は白シャツ！

(上)海外のお客さまも視野に入れて発信した「凛」。ボックスには浮世絵、中にはプリザーブドフラワーで箱庭のようなアレンジが。(下)アレンジメントは、プリザーブドフラワーとアートフラワーで。www.belles-fleurs.com

(上)愛用の仕事バッグたち。書類も入るロンシャンのトートは大活躍。イッセイ ミヤケのバオバオや小ぶりのトート型も出番が多い。(左上)上質のパールは必須アイテム。(左下)化粧品は気分が上がるシャネル。イソップのソープの香りに癒やされる。

自分を慈しみながら人生を楽しむこと。これがマイ・スタイル

20～30代は、結婚、出産、子育てに専念。今野政代さんの本格的な仕事は日本で2校目のフラワーデザインの専門学校立ち上げに関わったことを契機にスタートした。50歳で起業。日本でのプリザーブドフラワーの第一人者として仕事に邁進して10年が過ぎた。60代になった今野さんは次のステージに向かって歩き始めている。

花を教え、花に教えられる

「3人の息子の子育ては大変でしたが子どもたちが幼稚園に入り長年習っていたフラワーデザインを身近な友人に教え始めたらみなさん顔が輝いて。花の美しさとデザインの楽しさをお伝えして喜んでいただける。それがたまらなくうれしかったですね。主人も子育てとの両立にしだいに理解を示してくれるように。だからここまでやってくることができたんです」

2000年頃日本にプリザーブドフラワーが上陸。今野さんは日本初のテキストを'02に出版。同じ年出場した世界大会で3位に入賞した。以来生花、プリザーブドフラワー、アートフラワーと幅広いデザインを教えるように。

「今でも指導の現場に立っていますが、息子たちが会社を継いでくれたので花を通した女性活躍推進の仕事にさらにシフトチェンジしました」

自分を大切にする時間をもつ

今野さんはやさしい笑顔と飾らない人柄が魅力の女性だ。服選びのポリシーも実に気さくな回答をしてくれた。

「いつも時間に追われた生活なのでお買い物は移動の途中に。パッと目に飛び込んできたものはよいもの。迷わず、さっと買います。ブランドものも好きですが、駅ビルのウィンドウに素敵なものがあれば直感で買います！　ウィンドウショッピングも大好き。ワクワクします！」

スタイルのポイントはシンプルでスッキリした印象のもの。人前に立つ仕事が中心なので好感度が高いかどうかも大切だ。「年を重ねるとどうしてもそれだけでくすんで見えがちになると思うので、大切なのは〝清潔感〟ですね」

移動はほぼ地下鉄。姿勢を正して足早に歩く。「それが唯一の健康法でしたが、最近は自分へのケアや健康維持に努めています」。オンとオフの切り替えも大切。週に1、2回ジムで体幹を鍛え、スパでスキンケアも楽しむ日々だ。

「自分にもやさしくつき合うことで生まれる満たされた心のパワーは、周りにも注がれてそのサイクルがまた新たな何かを生み出す。素敵なことです」

チャレンジできる大人世代こそ、人生の旬であることを今野さん自身が証明している。

21

今の自分に似合うものを。大人のエレガンスが香るスタイル

内田裕子
料理教室主宰
テーブルコーディネーター

教室の定番、黒のワンピース。テーブルはベージュ、黒、ゴールドのクロスや食器でまとめ、赤でアクセントを。筮竹《ぜいちく》やドラゴンの置物などは香港で購入。ドラマティックな色の組み合わせが光る。

うちだ・ゆうこ

1956年生まれ。料理教室主宰＆テーブルコーディネーター。大学の同級生だったご主人と6年つき合って結婚。長男を授かり、子育てが一段落してから、現在の料理教室を始める。旅先で食器やオブジェを見つけてテーブルやインテリアに生かすのが好き。孫も生まれ、その成長を見守るという楽しみも増えた。

1956
江戸小紋染の染色家の長女として誕生。色と美味に対する審美眼は父のおかげだと思う

1975
同志社大学入学。ご主人と出会う

1981
結婚。専業主婦となり、料理を作る楽しさに目覚める

1983
長男誕生。一日にお弁当を2回作りお受験をサポート

2000
ママ友に頼まれて料理教室を始める

My treasure

夫からのプレゼント

自らを「靴フェチ」と言うほどの靴好き。ご主人からの誕生日プレゼントはアクセサリー、時計など数あれど、今年は翌日のディナーのときに履いてね、とロジェ ヴィヴィエのシルクサテンの美しいフラットシューズを。

(上2点)春のチャイナのメニューはナスのタイ風和え、蒸し鶏のスープ、鶏と春雨のホットサラダ、麻婆トマト、中華風鶏飯、蒸しパン。近くのスーパーで買える食材を選び、体によくおいしい料理を心がけている。教室では和食、チャイニーズ、イタリアンの食卓を順にレッスン。

手土産に手作りの湯葉とじゃこ山椒の佃煮などをさりげなく。包装も「ほんのきもち」など手書きののし紙を添えて。これぞ大人の女の手土産！

内田裕子さんは京都在住。現在はご主人と二人暮らし。月に数回、季節のテーブルコーディネートと料理の教室を主宰している。取材時は春のテーブルコーディネート例を見せてくれた。

「テーマはモダンチャイナです。主に旅先で見つけたテーブルウェアを使い、簡単なお料理でしゃれたおもてなしをしましょう、という提案です」

教室は黒の服装で

教室のときは、大体黒のワンピースやニット、シャツにスカートの組み合わせだが、きちんと感を大切に装う。

「エプロンはしない主義。テーブルやお料理が主役なので自分は黒子です。着やすく洗濯しやすいのも大事な条件」

常に全身を鏡でチェックしてコーディネートのバランスや姿勢がきちんとしているかを確認する。美しくいるための努力はいつも欠かさない。

新しい情報は食でもファッションでも常にアンテナを張って収集。「料理は新しい食材や盛りつけ、メイクもどん

ラルフローレンの白シャツに、ZARAの濃紺のワイドパンツ。サイドラインのパールにパールピアス、ゴールドのハイヒールでパンツスタイルもフェミニンな仕上げに。

友人たちとのパーティや食事会のときなどに着ているアルマーニのノースリーブワンピースとジュンコ シマダのレオパード柄のニット。ヌーディな色が色白の肌に映える。

スキンケアは、何十年もATORREGEを愛用。朝晩パックをしてきちんと手入れしているから、きめ細かい肌をキープできる。

(上)アクセサリーは、普段用にはプラチナ。パールやムーンストーンなど合わせやすい色が多い。(左)エルメス×アップル、ハリー・ウィンストンなどの時計もすべてプレゼント。

どん新しい商品を試してみます」

夫婦仲よしには努力も

「週末は大体、夫婦でショッピングや食べ歩き、年に2回ほど海外旅行にも行きます。今まで行った中では地中海クルーズや年末のウィーンフィルコンサートを聴きに行く旅がよかった」

ウィーンには、7個ものトランクにフォーマルな着替えを詰めていったのだとか。夫婦単位でファッションも旅もグルメも楽しめるからこそ。聞けば、18歳のときからのパートナー。最も気のおけない友達でもあるのだとか。

「主人は帰宅してから食事をするので、一緒に晩酌しながら楽しみます」

毎晩ご主人のためにきちんと料理をし、家事全般いっさい手抜きなし。そして365日中、360日はきちんとメイクをして身ぎれいに。日々の努力がエレガントなたたずまいをつくり上げるのだと納得。やはりお互いにいいパートナーであり続けるためには女性も努力は必要だ。

色が美しく着やすいエミリオ・プッチはブラウス、スカート、ワンピースなどをヘビロテしている。フェンディの黒のレザージャケット、セリーヌのイエローのラゲージ マイクロを合わせて。色合わせにはこだわる。

女性ならではのやさしい色使いを楽しむのが好き

普段は、色合いのきれいな服を選ぶことが多い内田さん。

「外出の際にはどこかに体のラインが出る服を選びます。緊張感できれいに着こなせると思います」

ラインが美しく出たり、色のきれいなファッションに身を包む。これはどちらかというと、関西の女性たちが得意なことなのかもしれない。

「父が染色家だったということもあり色使いはとても気になるんです。ファッションでもテーブルコーディネートでも。誰でもきれいな色を見たらいい気分になるはず。私たちの世代になったらくすんだ色だと肌色も沈んで見えてしまうので、どんどんきれいな色を着たらいいのでは？ せっかく女性に生まれたのだから、メイクもおしゃれもして楽しみたいですね。

似合うものは年齢とともに変わります。自分を観察しながら常に似合うものへ対応し続けること。これが若くいられる秘訣だと。いくつになっても、カッコよく年を重ねたいですから」

内田裕子

横山恵美子
チャーリー役員

(上)階下に通じる階段脇の壁には「Mr.チャーリー」の過去のポスターや友人のアート作品などがセンスよく飾られている。(下)絶景のオーシャンビュー。広い居間をぐるっと囲む窓からは、富士山や太平洋、大島などなど壮大な景色が楽しめる。

白シャツか白Tシャツにパンツを合わせる。それが一番快適です

お住まいで撮影させてください、とお願いしたら、横山恵美子さんが招いてくださったのは湘南にある別宅。「お天気のよい日に来てくださいね」確かに、絶景でした！

週末は湘南ライフ

この家を建てたのは13年前。自宅は原宿にあり、週末は人込みにうんざり。金曜日の夜に移動して、土日はここでゆっくり過ごす。

「何もしないでぼーっとしています。それが最高なんです。とはいえ、毎回掃除もするし、草むしりも欠かせません。昔は草むしりなんて何が楽しいんだろう?って思っていたけど、今は楽しくてしょうがないんですよね（笑）。古い梅の木があって、十何kgも梅の実

text:Mayu Okamoto　co-operation:PEEK-A-BOO Omotesando

22

これからもおしゃれしますよ！頑張りすぎない程度に

ボストンテリアの“ファニーさん”と。自宅でもオフィスでも、ここ別宅でも365日24時間いつでも一緒。脇のクッションは先代の愛犬、ダルメシアンのジージョを偲んで作ったもの。

が採れるので、梅干しを漬けたりジュースを作ったり。だから着るのはイージーウェアばかり。おしゃれなんて忘れてますね（笑）」
　しかも、こちらに来るとスイッチが入って、身体を動かしたくなるようで。「月に3回、太極拳に通っています。準備運動で気功をやるのですが、それだけで気が満ちてくる実感がある。手

1975 ▼ 六本木のセレクトショップの店長になる

1981 ▼ 横山秀史氏（現夫）の店「Mr.チャーリー」で働き始める

1985 ▼ 結婚

2005 ▼ 湘南に家を建てる

よこやま・えみこ

1952年生まれ。20代の頃、アルバイトで銀座にあるブティックで販売の仕事に携わる。そのセンスと経営能力を買われ、22歳で六本木のセレクトショップを任され、店長に。28歳で知り合った横山秀史氏と32歳で結婚。現在は横山氏が代表取締役を務める株式会社チャーリーで経理として活躍している。

（上）マーク ジェイコブスのシューズとスマホケース。愛犬ファニーとそっくり！なので超お気に入り。（下）星柄のスリッポン、財布はジミー チュウ。首輪も星柄。ポップでおしゃれ、「気取らないところが好き」。

のひらが真っ赤になることもあります。あと、10年前に始めたのがSUP（スタンドアップパドルボード）。この辺の海は景色もいいし、終わったあとのビールが最高なんです」

すでに37年、ヨガも続けている。

「呼吸法にハマり、瞑想にハマり、最近は身体のゆがみやクセを直すために、ストレッチをメインで続けています。私、始めるとしつこいんです（笑）」

買い物はいつも一緒に

横山さんは20代で東京・六本木のセレクトショップを任され、多くのファンを集めた実績をもつ。

一方夫の秀史氏は、原宿で最初のメンズブティック「Mr．チャーリー」を開いた伝説の人。海外発、最先端のファッションを厳選して提供するその小さな店には、感度の高い芸能人が集まっていたとか。

「28歳から彼の店で働き始め、4年後に結婚しました。以来33年、ずーっと一緒です」

今はスケートボードやスノーボード、関連ファッションやグッズなどを扱う会社に発展。仕事の相棒であり、ファッションセンスを認め合う仲だ。

「私はいつもパンツ派で、ヒップライン命、なんです（笑）。毎年旬のシルエットにも挑戦します。だから買うときは必ず、彼に一緒に来てもらいます。試着して、ポケットの位置とかお尻が垂れて見えないか、チェックしてもらう。彼の言葉には絶対従います」

秀史氏の買い物には、もちろん横山さんがついていく。

「メンズファッションが大好きなんです。着こなしから靴下のチョイスまで、すっごく口を出しますね（笑）」

白いシャツと白いTシャツ、そしてパンツが横山さんの定番スタイル。湘南の陽光で日焼けした肌に、清潔感があってさりげないファッションが、よく似合う。

「普通がいいんです。目立たないけど、おしゃれでいたい。これからも頑張りが見えない程度に、頑張ります（笑）」

夫の秀史氏は一つ年上で、ダンディな男性。サーフィン好きで近辺に友人が多いことから13年前、湘南に家を建てた。

一番好きなアイテムは〝白シャツ〟。陽に焼けた肌、手入れの行き届いたボディを最も引き立ててくれるアイテムだ。「毎年、ついつい買い足してしまいます（笑）」

大きな花模様のコットンニットはマルニ。ストレートのジーンズと合わせたシンプルなコーディネートは、ヨガや太極拳で鍛えたボディだからこそ、よく似合う。

My treasure

大好きな腕時計

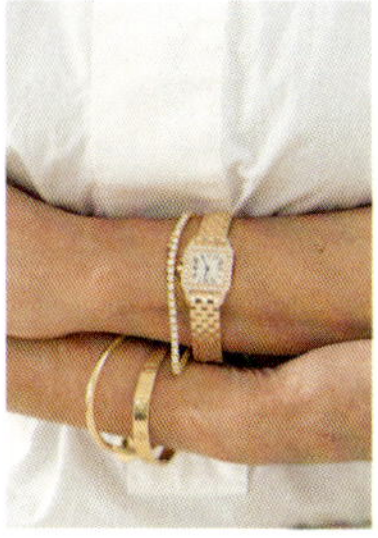

毎日必ず腕時計を着ける。あまり大ぶりではない、オーセンティックなものがお気に入り。カルティエのパシャ、オーデマ ピゲ、ジャガー・ルクルト、フランク ミュラーなどなど、銘品揃い。ゴールドのブレスレットとの重ね着けを楽しんでいる。

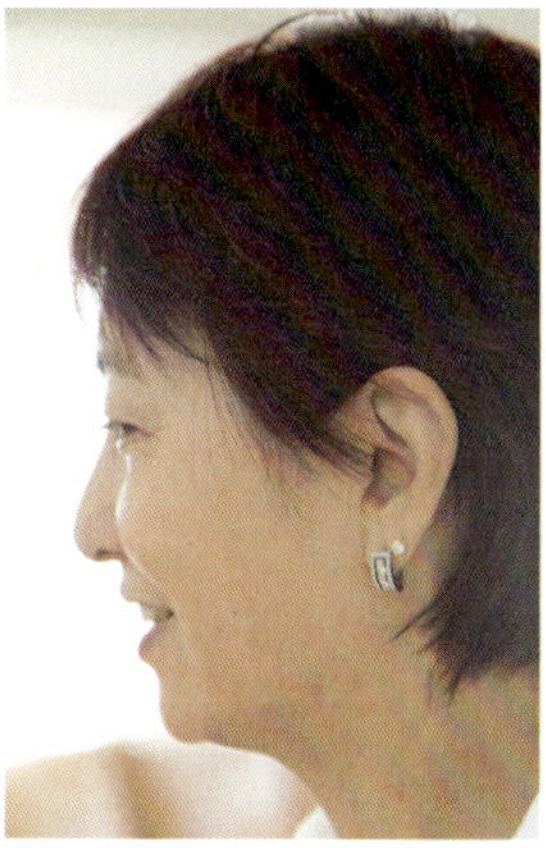

「指輪やネックレスはあまり好きじゃなくて」と言う横山さん。いつも身に着けるのはブレスレットと時計、ピアスだけ。（左）ショートヘアに、小粒なダミアーニのピアスがよく似合う。（右）中央のターコイズは長年使い込んだ愛用品、剣型はスティーブン・ウェブスターのもの。

23

年相応ながら若々しく、が私のテーマ

野中しげよ
会社経営

愛艇のクルーザーにて。張りのあるシルクの軽いコートはコシノジュンコ。ストレッチパンツ、白いブラウスと、全体をモノトーンでまとめてクールでエレガントなスタイル。

text:Reiko Hakata

のなか・しげよ

1954年生まれ。司法書士会社経営の野中氏と結婚。趣味はカーレース、クルージングなどのアクティブスポーツ。クルーザーやジェットスキーを操縦するなど、きゃしゃな外見に似合わずタフで若々しい。年下の友人も多く旅行やグルメなども一緒に楽しむ。東京に住むタレントの娘「水瀬きい」と子離れ親離れ練習中。

1954
4人姉妹の末っ子として誕生。常に姉たちのまねをして育つ

1977
結婚。新婚旅行先での水上スキー体験がのちの海好き、船好きに

1984
20歳の頃からの趣味のカーレースに自らも参戦

1993
39歳。結婚17年目にして孫のような娘を授かり夫婦で溺愛

2008
フランス留学中だった娘が中2のときご主人が他界

こちらはカジュアルな装い。ホワイトデニムはZARAのストレッチ。セルジオ ロッシのパイソンのブーツにインして。ブラウスはアンナバッサーニ、レザージャケットはグッチ。折りたためるレオパード柄の帽子は10年以上愛用している。

海の上でもエレガンスを加味した大人のカジュアル

取材は、ご自宅同然によく通う、大阪南部にあるマリーナに停泊している愛艇のクルーザー「M'S」で。

一見すると大阪湾とは思えない青い空と青い海が広がるロケーション。

自分の個性を知ること

野中しげよさんは身長約150cmと小柄できゃしゃな体型から想像できないくらいタフでフットワークの軽い運動神経の持ち主だ。

若い頃はカーレースに出場したり、現在はクルーザーを操縦してフィッシングクルーズに出かけたりと、アクティブな日々を送っている。

「私のワードローブは動きやすいパンツスタイルが中心です。色は白、黒のモノトーンが多いかな。いつもどこかに大人のエレガンスを加えることを考えます」

クルーザーでは、Tシャツやチュニックに白のデニムが定番。風が出てきたら好きなレザーブルゾンを羽織る。

撮影の際、揺れるデッキの上をピンヒールで危なげなくスタスタ歩いて、一同驚愕。日頃の鍛え方が違う。

「運動不足解消のために、最近はなるべく電車に乗ります。奈良や三重の好きな神社にお参りに行ったり、意識して歩いてますよ」。意外にシンプル。でも野中さんにとっては効く鍛え方だ。

生き方もファッションと同じ

「年相応でありながら、若々しくありたい」という思いはファッションのみならず、生き方にもいえる。

青春をともに生きてきた最愛のご主人は残念ながら10年前に他界した。

「カーレースもクルージングも主人と一緒に夢中になった共通の趣味でした。結婚17年目にしてやっと娘に恵まれましたが、それまでは二人きりの人生を歩んできたから、喪失感は半端ではなかったです」

ハッピーばあちゃんを目指す

今でも正直立ち直れていない自分がいる。

「でも、主人は家族が笑顔で暮らすことを何よりも大切にしていましたし、自分亡きあともそうあってほしいと。今も涙することがあるけれど、笑って思い出話ができるようになりました」

些細な出来事にも楽しみや喜びを見つけて前向きに、が最近の野中さんのモットーだ。

「同じくご主人を亡くされた友人も何人かいて。そんなときは、たくさん泣いて彼のことを語ってあげてね、それが一番のご供養よ、となぐさめることが多いです」

目指すはまわりの人たちをも元気にする「ハッピーばあちゃん」だ。

ヴァレンティノのオーバーブラウスは一枚羽織ればパーティにもOKなので10年以上愛用。パールを合わせて。

クルーザーには友人を誘うことも多い。今日はデコラリストの田代美希さん(中)、プロトコールマナー校経営の加藤淳子さん(右)が来て湾内をクルーズ。天気のよい日は美しい夕焼けを楽しめる。期せずして全員白の装い。田代さんのお料理とシャンパーニュで。

My treasure

サーキットの思い出

ご主人と20歳のときにサーキットを見てハマり、彼が走る側に。野中さん自身も29歳のときに鈴鹿のレディースカップを走った。鈴鹿の思い出が詰まったご主人のヘルメットとトロフィーは野中さんの宝物だ。

バッグはエルメスが好きで、バーキンやケリーがほとんど。左のパープルは同色のファーでちょっと崩して使う。

全体のバランスをとるために高さ10cmほどのヒールはマスト。マノロブラニク、クリスチャン ルブタンを愛用。

上はゴールドとダイヤの組み合わせが好きなダミアーニ。下は娘さんのために作ったサファイアのリング。

娘の学校の先輩であるマダムがデザインしたパールのアクセサリー。合わせやすいので各種愛用している。

藤原美智子

ヘア・メイクアップアーティスト

光が差し込む広いリビングで。愛犬はポーランドの牧羊犬、ポリッシュ・ローランド・シープドッグ。光沢のあるオレンジ系の赤のワンピースはヨーロピアンカルチャー。無垢の板張りの床は気持ちよく、素足で過ごすことが多い。

ふじわら・みちこ

1958年、秋田県生まれ。美容学校で学んだのち、ヘア・メイク・アーティストの松永タカコに師事。'93年にヘア&メイクオフィス「LA DONNA」を設立。以降、CMや雑誌のヘア・メイクアップアーティストとして活躍。化粧品メーカーのアドバイザーや執筆活動、講演など、幅広い活動も行っている。

- 1980 ヘア&メイクオフィスCLIPに所属
- 1993 ヘア&メイクオフィスLA DONNA設立
- 1995 『メイクの流儀』を出版。現在までの著書は35冊
- 2000 FEC特別賞受賞
- 2008 結婚
- 2017 ライフスタイルブランド「MICHIKO.LIFE」がスタート。プロデューサーに就任

text:Shizuko Mizuta

24
ファッションもメイクもどう生きてきたのかの問いかけ

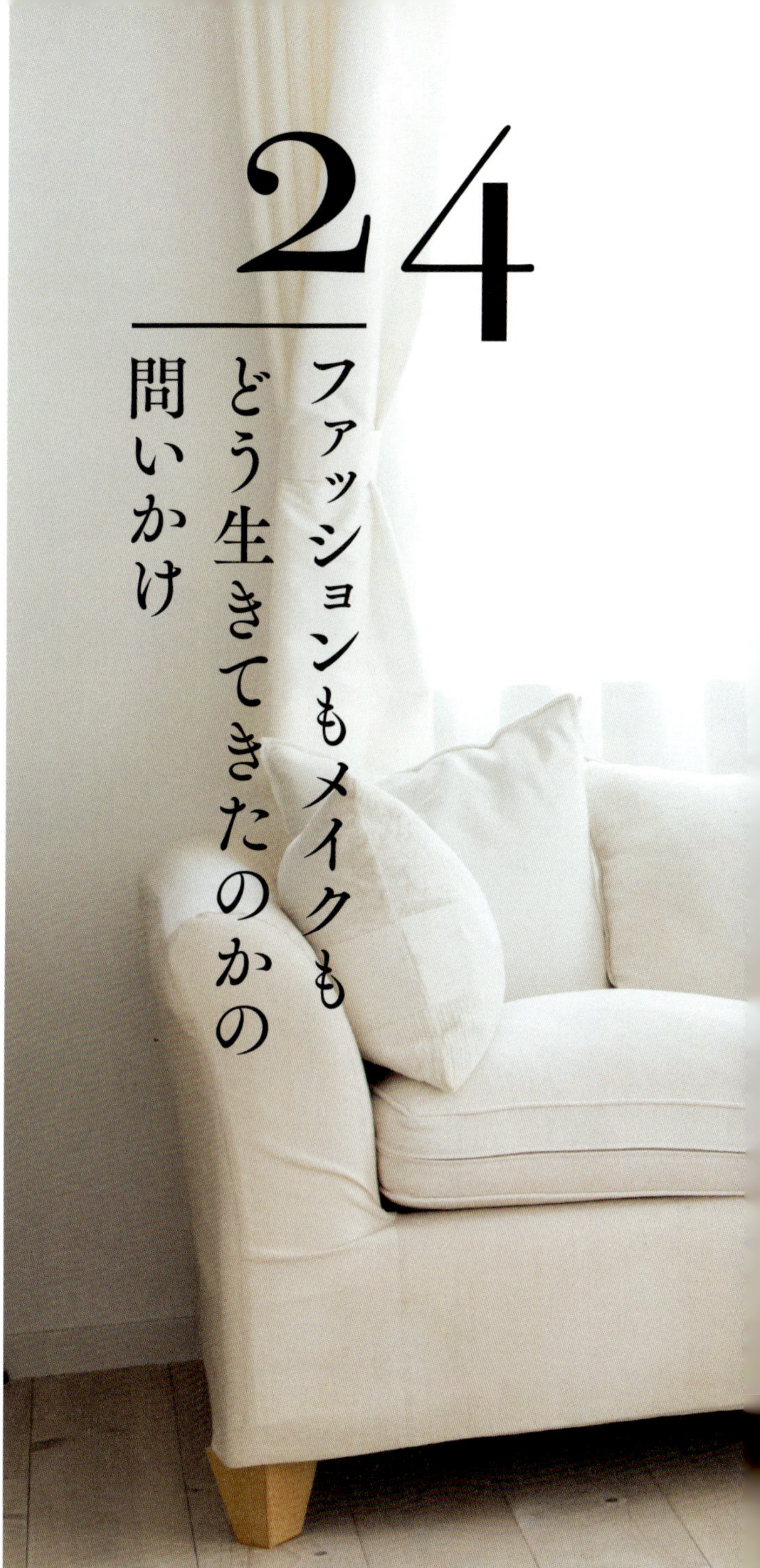

観葉樹の置かれたコーナー。水やりと霧吹きをするのが日課。ツヤ感のあるアイスブルーのブラウスとグレーのボトム丈がおしゃれ。

アイアンがアクセントの収納家具の上に置かれた、ナチュラル感のある小物。キャンドルが好きで、夜は部屋のあちこちであたたかい炎が揺らめく。

好きなボーダー柄のトップスは、ベーシックからフェミニンまで多様なデザイン。パンツやミニ丈スカートと合わせて、いろいろなシーンで活躍する。

(上)ネックレスはネイティブアメリカンの手作り。セドナで購入。(下)パリのアンティークショップで見つけた、大ぶりのダイヤのリング。美しいデザインがきゃしゃな指に映える。ダイヤのブレスレットは1950年代のもの。

(上)ファースト・ケリーとなったネイビーは32歳で購入。色に合わせて対比色の帽子を楽しむ。(下)自分のスタイルを決めつけず、ナチュラル系、マニッシュやドレッシーとデザインや色で自由に遊ぶ。

靴でTPOを楽しむ。マーク ジェイコブスの黒ローファー、プラダの中ヒール、大人可愛いミュウミュウのオレンジとYSLのピンク。

シーンに合わせて変化させられるのが、大人のゆとり

藤原美智子さんが、伊豆・下田に週末を過ごすセカンド・ハウスを持ったのは50歳のとき。

「以前から、海辺の畑で野菜作りをするような生活を望んでいたのですが、結婚を機に具体化。そして、東日本大震災以降はさらに、暮らし方がナチュラル志向になり自由度が増した気がします」

イタリアの田舎町にあるような、テラコッタと白い珪藻土の家。

「建築するときベーシックな白い箱をイメージしました。そこに自分らしいテイストを出していく。私はファッションも同じで、昔からベーシックなスタイルに、デザインや差し色で、自分らしい変化を出すのが好きなんです。仕事の撮影現場では黒子に徹するので暗っぽい格好をしてますが、講演会を行うときやパーティ、会食、プライベートなどでは、服や靴、バッグの色の組み合わせを楽しみます」

内面を引き上げるハイブランド

父親が薬局、母親が美容院を営む環境で育った。「店に貼ってあった化粧品のポスターに『女性のキレイはひとつじゃない』というコピーがあって、衝撃的でした」

長じて美容界に入った藤原さん。世界中を撮影で廻りながら、〝本物〟の美しさを見続けてきた。

「たとえば憧れだった、ケリー・バッグ。すぐにでも欲しかったけれど、自分に似合う時期があると思い、30歳を過ぎてから購入。手にしてわかったのは、歴史があり、職人技で作り上げるハイブランドのものは普遍で、自分を引き上げてくれる力があるということ。同時に、どう生きてきたのか、どう生きたいのかも、問われてる気がしました。以前、あるブランドのパリ・コレ

My treasure

ダイヤモンドのピアス

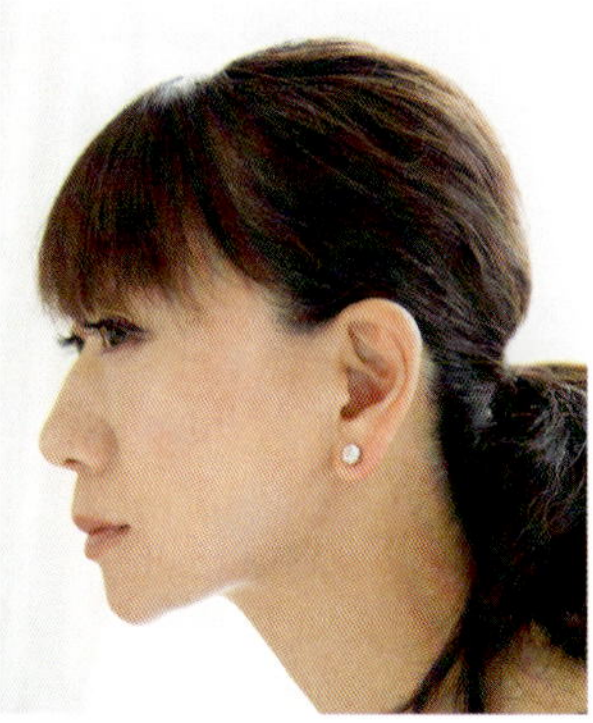

仕事で行った、香港・マンダリン オリエンタルホテルの宝飾店で購入した。「小さなものは持っていましたが、大人になったら大ぶりで存在感のあるものが似合うようになりたいと。43歳のときに購入した一生の宝物です」

外出のときは、服に合わせた帽子をかぶるのが藤原さん流。「日本人は帽子が似合わないといいますけど、かぶり方しだいだと思います。そのままのヘアにかぶるのではなく、少し前髪をたらしたり変化をつけるだけで、全身のバランスが整いますよ」

クションで、ジェーン・バーキンが座っていたのですが、よれたグレーのセーターにジーンズ姿。もう圧倒的な魅力でした！」

藤原さんは、50歳のときに結婚。

「仕事ひと筋のストイックな人生だったのに、ふと、もっと人生を楽しんでもいいかなと思ったとき、出会ったんです。毎日がとてもカラフルになりました（笑）」

藤原流メイクアップは、十人十色。それぞれの隠されている魅力を、自然に品よく引き出すメソッドだ。

「昔からのメイクを変えずに『これが私なの！』と自分のイメージを崩さないのも素敵ですが、場所や時間、会う人に合わせて、多面的に変えるのも楽しいし、それが大人のゆとりかもと思うようになりました」

長い人生の後半。「年齢で制限するなんてもったいない。女性たちにはいつまでも美しくあってほしい」

そう話す藤原さんの表情の、なんとすがすがしいこと。

藤原美智子

25

土屋眞弓
モデリングオフィスＡＭＡ代表取締役

シンプルなものこそ内面が見えてしまう。奥が深いですね

居間で。モダンなピアノは親しくしていた藤村俊二さんの、ワインバーにあったものを譲り受けた「大切な思い出の品」。服は好きだというダナ・キャラン。染めていない豊かな黒髪は「ヘッドスパのおかげかも」。

つちや・まゆみ

1958年、東京都生まれ。桐朋学園短期大学卒業。アメリカ人男性と結婚し渡米。帰国後、'92年に離婚。'98年、次女の土屋アンナさんがファッションモデルとしてデビュー。活躍に伴い、ハーフモデルを中心としたマネージメント・オフィス「AMA」を設立。現在も代表取締役として活動している。

1958 ▼ 東京で生まれる

1978 ▼ アパレルメーカーに勤務。同年、アメリカ・ワシントン州にホームステイする

1980 ▼ 結婚しアメリカに滞在。長女を出産。26歳で帰国し、現在の住まいに居住。次女を出産

1992 ▼ 離婚

2004 ▼ アンナさんがモデルデビューし、活躍を始めたことで、マネージメント・オフィスを立ち上げる

(上)ジュエリーは海外で購入することが多い。カメオのブローチはフィレンツェで購入。ダイヤのリングは香港で。「パールは一番好きですね。乳白色の色合いがきれいで、洋装にも和装にも合うから」(左)金細工の美しいネックレスとオパールのリングは母から贈られた。

料理上手で、器もよいものを集めてきた。母親から譲られたものも多い。お気に入りの九谷焼の珈琲カップ。

家族の思い出を飾るアンティーク棚の前で。リヤドロの人形は、ふたりの娘それぞれの誕生日に購入した。アンナさんに贈ったのはバレリーナの像。棚の中にあるマリア像は東日本大震災のとき、祈りを込めて購入。

text:Shizuko Mizuta

おしゃれの神髄は
細部まで
気持ちを行き届かせること

土屋眞弓さんは、モデル事務所の代表であり、モデル、シンガーの土屋アンナさんの母でもある。アメリカ人の夫とアメリカから帰国後、この家で娘ふたりを育ててきた。眞弓さんの父親はある医療機器会社の創立者、母親はしっかりと家を守った昔気質の女性で、「物を大切にしていく心と、本物のよさを教えてくれました」と言う。

「少しばかり高くても一生ものを手にするようにと。特に着物のよさを教わりました。若い頃の私には価値はわかりませんでしたけど、娘たちが生まれてから、ふたりの成人式には自分の手で着付けしたいと思い、着付け師範の免状も取りました」

アメリカでの暮らしから〝日本の美と文化〟についても改めて考えたという土屋さん。

海外で再発見した日本

「着物は、ベーシックといいますか、その美しさが凝縮していると思います。四季を表現する色や柄もそうですが、帯や帯留め、かんざしと、とても奥が深い。素晴らしいのは、どんな場面であっても引け目を感じないということでしょうか。所作も自然にきれいになるから、身も心もシャンとしますね」

着慣れた今では、ささっと着て、なじみの鮨屋や和食屋に出かけていく。

「屋形船で遊んだり（笑）。それに昔と違ってネイルをしていても、上品な色ならしっくりきますし、意外に個性的なリングも合って楽しめる。これは年齢のなせる業かもしれませんね」

娘ふたりの着物も、母や自分のものを仕立て直して譲り、所作も教えた。

「厳しく教えたつもりですが、アンナはなかなかやんちゃでして（笑）」

おしゃれは爪の手入れが大切

土屋さんは、洋服選びもシンプルなものがメイン。

「JJ世代ですから、若い頃はハマトラとか着ていました。今も流行は取り入れますが、基本的にはVネックかラウンドネックのニットです。性格が男っぽいので（笑）、あえてやわらかい雰囲気のものを選ぶようにしていますね。色も黒、紺、白やベージュ系が圧倒的に多いです。でもシンプルって意外と難しくて、ただ着ていれば安心というものではなく、ベーシックゆえにその人の内面が見えてしまうようなところがあるように思います」

おしゃれで一番気を配っているのは「爪の美しさ」だという。「爪を手入れしている人は、暮らしぶりがきれいな気がするんです」

還暦を迎えたが「実年齢を意識したことはなくて。面白いことをもっとたくさんやりたい」と、素敵に笑った。

リビングの一角、中国の家具の上に、旅先で購入した動物の置物などを飾って。家全体にアメリカや欧州、東南アジアのものなどがしっくりとなじんでいる。

大切にしている、古い柘植のくしやべっ甲のかんざし。翡翠の帯留めは母から。金色のものはアンナさんが京都で見つけてプレゼントしてくれた。

土屋眞弓

玄関にて。ねずみ色の江戸小紋の姿が粋な土屋さん。帯の柄は上り龍。「着物は100枚ほど持っています」。額の書は父親が還暦のときに書いた大切な品。武者人形は常時、飾っている。「護り神のようなものでしょうか」

My treasure

3人の仲よし写真

10代だった長女のアンジェラさん、アンナさんと、クリスマスに撮った写真。土屋さんの離婚後、3人で時を過ごしてきた。今はふたりも結婚、孫たちもいる。「いろいろありましたけど、どんどん増えてにぎやかになりました」

藤縄智子さんは27年前にジュエリー業界に参入、オリジナルのジュエリーを作り、顧客に提供してきた。

最初に手がけたのは、パール。

「ロサンゼルスのロデオドライブを歩いていたとき、バロックパールの素敵なネックレスを見つけたんです。でもパールといえば日本、ですよね？ だから帰国してから探したら、そういうものはどこにもなかった。だったら自分で作れないか、と。自分の〝欲しい〟から始まったんです」

パールのネックレスとイヤリング、ピアスとセットにして販売したところ、大人気に。さらにバロックパールやカラーパールを手がけて、どんどん販路を開拓していった。

「ジュエリーの仕事を始めてからしばらくの間は、本当に大変でした。日本各地に出店したので、何か問題があると飛行機で飛んでいかなければならない。会社の経営は山あり谷ありで、時代とともに成長するためには、いつも必死です。ですから1990年代に自

26

どんなファッションにも好きなジュエリーを合わせています

〝ジュエリーは日常のもの、いつでもどこでも身に着けるべき〟というポリシー。ダメージドデニムにも、ダイヤモンドはよく似合う。

藤縄智子
ジュエリーショップ
自由が丘クーゲ経営

ふじなわ・ともこ

国内外のビッグアーティスト、デザイナーに5年間取材を重ねた経験から、デザインコーディネートの会社(株)アーチビジョンを設立。その後ジュエリーデザインと製作に乗り出し、オリジナルジュエリーショップ「自由が丘クーゲ」をオープン。松屋銀座、横浜高島屋などのデパートにも定期的に新作を出品している。

1979 ▼ デザイン専門誌にインタビュー、ルポルタージュなどを執筆

1983 ▼ 株式会社アーチビジョン設立。プロダクトやリゾートホテルの環境、内装に参画

1991 ▼ ジュエリーデザインと製作を始める

1992 ▼ 世田谷区奥沢にアトリエをオープン

2001 ▼ 「自由が丘クーゲ」をオープン

hair & make-up:Izumi Kamabayashi text:Mayu Okamoto

愛犬ディランは13歳になるトイプードル。落ち込んだときにもそばでじっと寄り添ってくれる、大切な人生の相棒だ。

My treasure

リングのアーカイブ

さまざまな石、いろいろなデザインの指輪たちがぎっしりと箱の中に並んでいる。「石のセッティング、サイドストーンのアレンジなど、新しいデザインは実験を積み重ねて生まれるんです。この中の一つひとつの指輪が、その実験の成果なんですよ(笑)」

幅13㎜のダイヤモンドバングル(左)は石を留める爪が見えないミステリーセッティング。白狐をかたどったバングル(右)は藤縄さんのパワーの源。「人生を引き上げてくれます！」

ダイヤモンドのバングルとリングは、藤縄さんの〈シグネチャー〉。"シンプルだけどフォルムがきれい、肌当たりがよく、しかも決して古くさくならない"理想を実現する逸品だ。

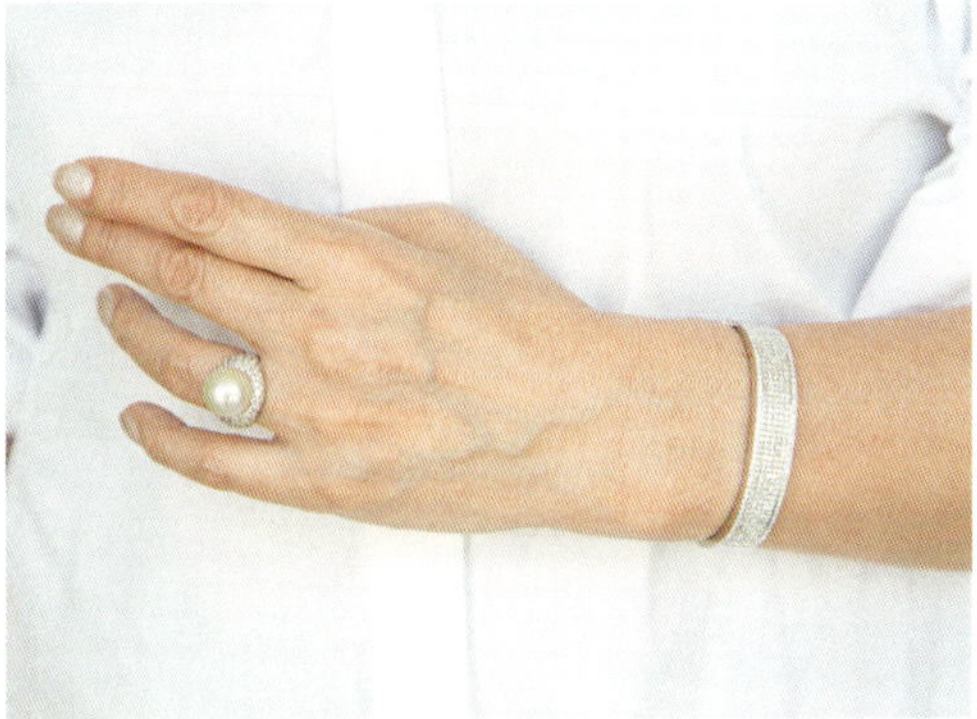

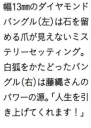

靴はハイヒールが大好き！　上からビアンカ・リーのブーツ、マーク ジェイコブスのブーティ、PIERRE DARRÉ(イタリア製)のパンプス。

昨年からハマった「ノルディックウォーキング」の器具とウェア、シューズ。週末は両手にポールを持ち、近所をせっせと歩いている。

ダイエットのため、低カロリーで栄養たっぷりのメニューを取り入れている。(上)奥は野菜、きのこ、ナッツなどを豆腐で和えた白和え。手前はペルー人の知人に教わった魚介のサラダ、セビーチェ。(左)朝食にはスムージー。アマニ油、抹茶、柿酢も少しずつ足している。

分がどんなファッションだったか、何も覚えていないんです。80年代は余裕があったので、ジャン・フランコ・フェレとかヨウジヤマモトとか、覚えているんですけど、ね（笑）」

大人の手にこそ宝石を

日本女性のジュエリー事情について、藤縄さんには確固たる意見がある。

「日本のジュエリーは、小さすぎます。小さな石を使った繊細なデザインをみなさん着けていらっしゃるけど、世界的に見ると異常なほど小さい。私はずうっと揺るがず、ボリューム感のあるものを扱っています。ダイヤモンドだと高いけど、それ以外にも可愛らしい素材はいっぱいありますから」

さらに、大人の女性たちへ。

「50代60代の女性はよく〝私なんてこんな手だから、指輪は似合わないわ〟とおっしゃる。それは間違いです。生活感や年齢の刻み込まれた手にこそ、指輪はなじんできれいに見えるんです。それに、自分の好きなジュエリーをひ

走って、鍛えて、賢く食べて、スリム化計画実施中

居間のソファのそばには、お気に入りの絵画が。右上は有名な若手画家、海老原靖の「ノイズシリーズ ロミー・シュナイダー」の一部。「ジュエリーをデザインするとき、インスパイアしてくれます」

とつ見つけて、いつも身に着けていると、パワーをもらえますよ」

50代で再び大学生に

服を買うのは、もっぱら海外。サイズが大きくなって、日本よりも選択肢の多い外国で買うことが多くなった。

「健康のためにも痩せなければ、と、最近はトレーニングに精を出しています。昨年からノルディックウォーキング、今熱中しているのはフィールサイクル。大音響の中で45分間、自転車をこぎ続けるんです」

この若さ、いったいどこから?

「50代で立教大学に3年編入して、経済を学びました。その頃のクラスメイトたちと一緒にいると、若返ってしまうんです（笑）。一緒にごはんを食べたり、旅行したり。それに私はいつも、今のままでは不安で、このままじゃいけないって思うんです。旅に出たり人に会ったり。もっと何かしなければ、と明日のことばかり考えている。その積み重ねのおかげ、かもしれませんね」

服はほとんどモノトーン。「いまだに脱却できません（笑）」

町田淑江さんのワードローブは、黒一色。

「コム デ ギャルソンとワイズの洗礼を受けていますし、最初に入った会社がBIGIですから、真っ黒の服ばかり着ていました。40代になってから資生堂、ザ・ギンザに入って、素晴らしいブランドがありますからいろいろな色に出合ったんですけど、好きなブランドはサンローランやジル・サンダー。やっぱりモノトーン系なんです。ちょっとグレーや白が加わるくらいで、いまだにモノトーンから脱却できていませんね（笑）」

パリのお針子さん

服を選ぶ基準は、色とデザインだけではない。

町田淑江

ザ・ギンザ広報

居間のソファで。セリーヌの紺のワイドパンツに、グレーのトップス。細番手の柔らかい素材が気に入っている。靴はコンバース。日本で未発売のスリムタイプをパリ出張で必ず購入する。

白いシャツはサポートサーフェス。カットも縫製も気に入って購入した。「白いシャツの着こなしは、稲葉賀恵先生を見て勉強しました」

「マニアなので（笑）、まじめに考えて丁寧に作っている服じゃないと、納得できない。気持ち悪いんです」

たとえば、こんなことがあった。パリに出張したとき、発表会用の服を現地調達しようと、ある店に飛び込んだ。

「その店では、お針子さんつきで接客してくれたんです。ヨーロッパの服は立体的に作られているのに、試着した

1961
▼
東京生まれ

1987
▼
BIGIに入社。クシュカでデザインを担当。プレスも兼務

2004
▼
資生堂ブティック事業部に勤務。のちにザ・ギンザ所属、セルジュ・ルタンス広報、トレーニング担当

まちだ・としえ

BIGIに入社してアクセサリーのブランド「クシュカ」に配属され、のちにプレスも担当。稲葉賀恵に師事。40代に入ってから資生堂ブティックに入社、ザ・ギンザの広報を担当。のちにセルジュ・ルタンスの広報と国内の美容部員への教育など15年にわたって続けてきた。

27

まじめに、丁寧に作っている服を探して、着ています

hair & make-up:Ryo Wada　text:Mayu Okamoto

私を見た瞬間、『これは！』と思ったんでしょうね（笑）。一生懸命ピン打ちして、直してくれました。もちろん直しは無料で、素晴らしい仕上がり。プロフェッショナルとはこういうものかと、つくづく感じました」

日本でそれと同じものを求めるわけではないけれど。

「服のあり方をきちんと考えている、そういうブランドの服を、日本でも探して着るようにしています」

毛虫が蝶になるまで

もちろん住む部屋も、モノトーン。そこここに置かれたグリーンが、部屋の空気を生き生きと、やさしい雰囲気に変えている。

「出張が多いので、ペットの代わりに植物を育てています。よく話しかけますし、枯れてしまってもまだ心が通じているような気がして、捨てられません。かと思うとベランダに出した植木の葉を毛虫に食べられてしまって、今度はそれが蝶になるまで、気になって

球根、切り花、エアプランツと、さまざまなグリーンが並ぶ。「ペットを飼えないから、その代わりに愛でています」

SERGE LUTENS

セルジュ・ルタンスの香水、日本未発売の丸いボトルと、日本で販売中の四角いボトル。〝五感で感じる〟香りだ。

香水も服も
草花も虫さえも
それぞれが愛しくて

アンリアレイジのスカートにグレーの革ジャン。ハードな革ジャンを着ていたら、長年の友人が「こっちのほうが似合うよ」とプレゼントしてくれた。柔らかくて軽くて、着心地満点。

いとこの観世流小鼓方家元・観世新九郎氏に稽古をつけてもらう。幼い頃、父から基礎を教えてもらったという。着物は野蚕糸とゼンマイの紬。帯は20年以上使い続けている愛着の一本。

My treasure

デザインしたアクセサリー

BIGIのクシュカ時代、デザイナーとして生み出したアクセサリーの数々。一つひとつがアクセサリーとして完成しているが、同時に服とのコーディネートもきっちり意識していたとか。今もときおり、普段の装いに使って愉しんでいる。

しょうがないんです（笑）」

やさしい空気は植物だけでなく、町田さんからも生まれているようだ。

ルタンスの能ダンス

実家で幼い頃より謡と小鼓の稽古を始め、能に親しんできた。そんな環境が、意外なところで役に立った。

実は町田さん、昔からセルジュ・ルタンスの大ファン。彼のことなら誰よりも詳しいと豪語していたら、彼の広報を担当しないかと、打診があった。

「気難しい人なので、なかなか候補者が見つからなかったそうです。初対面で自己紹介するとき、家はお能をやっています、と言ったらルタンスがいきなり立ち上がって、能ダンスを舞ってくれたんですよ！　お能が大好きだったみたいです」

以来、彼の香水や化粧品、そして販売の仕事に、とことんつき合ってきた。

「落ち込んだ時期もありましたけれど、いつも友達や巡り合った人たちに助けられてきました。感謝です！」

浅香純子
Say若創り学教室主宰

大人の女性に必要なのは清潔感と勇気です

浅香純子さんは、近頃話題の〈若見えメイク〉の仕掛け人。50代60代の女性たちに向けて、メイクの改革を推し進めてきた。

「みなさん、年齢とともに自分の顔が変わってきたことは自覚しているんです。でもメイクは昔のまま。『先生、サンローランのフューシャピンク口紅から抜け出せないの』とおっしゃる方、多いんですよ（笑）」

大人のメイク、教えます

浅香さんは長年、大手化粧品会社でバリバリと働いてきた。ふと立ち止まったのは、50代に入ってから。

「50代女性向けに〈CHICCA〉というコスメブランドを立ち上げたとき、『大人のメイクレッスン』を企画した

text:Mayu Okamoto

これが、持っているコスメのすべて。専門家にしては極端に少ない。「普通っぽいでしょう？　でも、それが私の強みです(笑)」

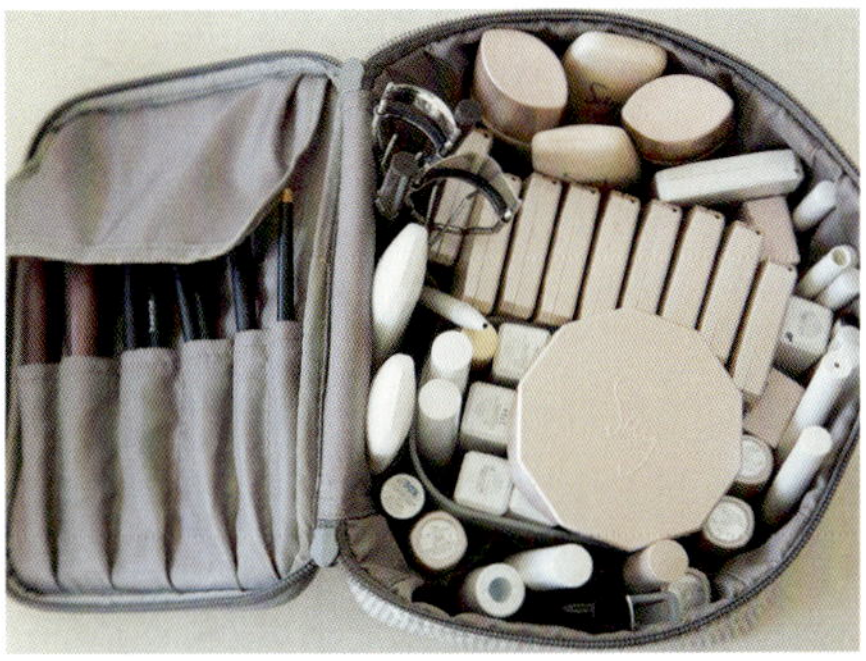

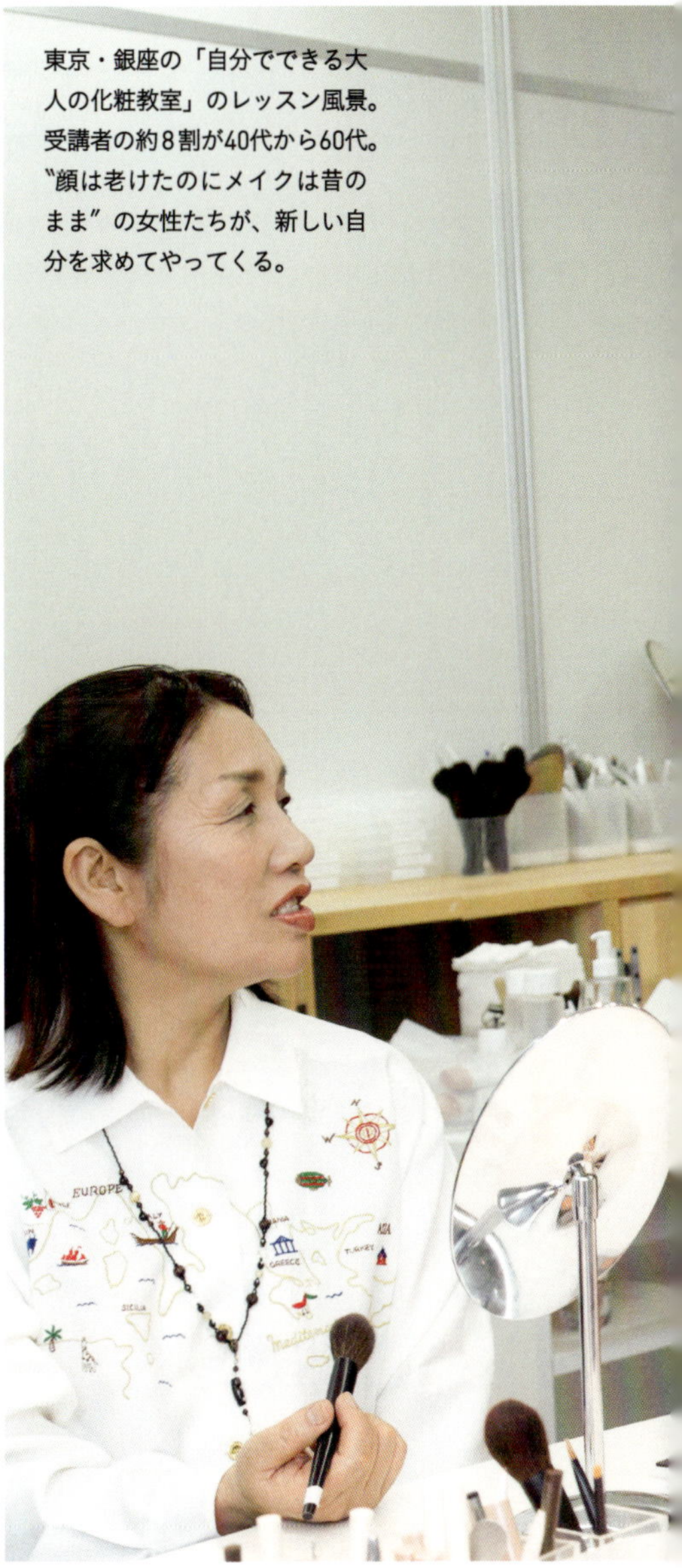

東京・銀座の「自分でできる大人の化粧教室」のレッスン風景。受講者の約8割が40代から60代。“顔は老けたのにメイクは昔のまま”の女性たちが、新しい自分を求めてやってくる。

28

みんなが幸せになる、そんな教室を作りたかったんです

1955 石川県で誕生

1979 早稲田大学を卒業し、大手化粧品会社に入社

2011 退社。大人のためのコスメブランド「Say」の取締役ブランドマネージャーに就任

2012 「若創り学教室」を東京・銀座にオープン

2017 NHK「助けて！きわめびと」などTV番組に多数出演

んです。すると来てくれたお客さまが本当に喜んでくださって、やりがいを感じましたし、私自身も楽しかった。もっとやりたかったのですが、会社の返事はNO。だったらこの先は自分でやるしかない、そう思ったんです」

作りたかったのは、年齢を重ねた女性たちに向けた、リーズナブルな価格で高品質のコスメブランド。そして商

あさか・じゅんこ

2012年に「若創り学教室」を東京・銀座にオープン。老け顔の原因は、肌のくすみと眉や口などパーツ配置の変化。それらをカバーして若見えを目指す、「自分でできる大人の化粧教室」を日本各地で開催中。●お問い合わせ先：Sayお客様センター ☎0120-288-653　教室・商品の詳細は、www.saysay.co.jp

2年前にウォーキングから始め、今は週2回、土日の昼間に5～10km目黒川沿いを走っている。「汗をかくと気持ちいいんです。代謝がよくなるせいか、肌がきれいになるみたい(笑)」

品を売るだけでなく、日本各地でメイク教室を開き、使い方を広めていった。

「教室に来てくださる方は、クレバーな女性が多いんです。ですから最初の20分はきちっと理屈をお話しします。顔は老化でどう変化するのか、なぜ怒っていないのに怒っているように見えてしまうのか、なぜ昔のメイクが似合わなくなるのか…。そのあと、それに対処するメイクをお教えすると、驚くほど素直に吸収してくれます（笑）」

とはいえ浅香さんは、メイクアップアーティストではない。自前のメイク道具も、必要最小限のアイテムのみ。

「自分の化粧も上手じゃありませんし（笑）。でも、だからよかったんです。普通の大人の女性の気持ちがわかるし、お客さんの側に立てますから。もちろん美容理論やメイクの知識は、化粧品会社に30年以上いましたから、ばっちりありますよ。若創りメイクの理論やノウハウを、すでに化粧品業界はもっていたんです。私はその中から、大人の女性に必要な要素を取り出し、整理してアピールしただけなんです」

服の色は明るく

メイク教室で教えるときは、ワンピースやシンプルなニット＆スカート。

「あまり堅い服装だと、生徒さんが緊張するじゃないですか。それに年齢を重ねて、真っ白や真っ黒が似合わなくなったので、明るい色のVネックセーターが増えました。そこに清潔感をプラスするために、パールのネックレスをよく使います。パールの白で、顔色が明るく見えますしね」

美容と健康の秘訣は、早寝早起き。夜10時にはベッドに入る。週2回のランニングも欠かさない。

「それと、ホルモン療法です。50代に入った頃、部下をすごく叱っている自分に気がついたんです。いつも穏やかな先輩に相談したら、銀座の小山嵩夫先生のクリニックを紹介してくれました。定期的に検査を受けながら、上手につき合いたいなと思っています。はい、今は毎日、穏やかな気持ちでメイク教室を開いています（笑）」

2013年発売の『40歳からの若見えメイク塾』(集英社刊)がTV出演につながり、ブレイクの引き金になった。

いつも身に着けているパールは清潔感の源。大学卒業時に両親から贈られた75cmのもの、就職時にお母様からもらったひと粒のタイプ、知人からのプレゼントの38cmの淡水パール。

クリスタルや陶器の小さな動物たちは、リラックス担当要員。いつの間にか増えてきた。背景には額に入った家族写真が並んでいる。目に入るたび、ほっとひと息つくことができる。

My treasure

香炉とお香

家でくつろぐときは、香を愉しむ。鮮やかな瑠璃色の香炉は仕事仲間からのいただきもの。好きなお香は、20年以上使い続けている「雪の下」(銀座香十で購入)、大好きな京都のお寺曼殊院の「雲母」。「香を焚いて、ソファで好きな画集を開いている時間が、何よりくつろげます」

2011年、東日本大震災を機に室内のレイアウトを一新。〝家には何も置きたくない!〟と本棚と洋服だんすを捨て、代わりにアンティークのチェストを購入。すっきりした空間が生まれた。

大企業を退社し、仲間と一緒に独立。そのタイミングで今までため込んだ本や不要品を一気に処分した。部屋がすっきりしたと同時に「心が軽くなって、らくになりました(笑)」。

山井自子

t.yamai paris
ブランドデザイナー

やまい・よりこ

高知出身。文化服装学院でテキスタイルデザインを学ぶ。夫でデザイナーの山井孝氏とファッションブランドt.yamai parisをパリで立ち上げ、ブランドデザイナーとしてサポート。パリに暮らす大人の可憐さと洗練を表現したスタイルで、多くのファンを魅了している。

www.t-yamai.com

1963 高知県に生まれる

1984 文化服装学院卒業

1990 渡仏

1995 パリでブランドt.yamai paris設立。サンジェルマンにブティックオープン

2010 帰国、東京に拠点を移す

2012 フォーマル、パーティのオケージョンラインjardin par t.yamai parisをスタートさせる

text:Mari Katsura

29
パリで体感したおしゃれな人たちの暮らし方

黒のワンピースはjardin par t.yamai paris 2016-'17年秋冬コレクションから。ワインカラーのコットンカーディガンはt.yamai paris。足もとはビルケンシュトック。11歳になる愛犬、フレンチブルドッグのサンちゃんと。

かご好きで、つい買ってしまうという。友人二人のブランド、メゾンN.Hパリのバイカラーのトート、マルニ、ヘレンカミンスキーのクラッチなど。

マルジェラとエルメスのコラボバングル、プラダのラフィアのベルト、ミュウミュウのブローチなど、クラフトっぽいアクセサリーに目がない。

アンティークの家具は手放せず、いくつかパリから持ち帰った。白いチェストを黒く塗り替えて、甘さ控えめに。

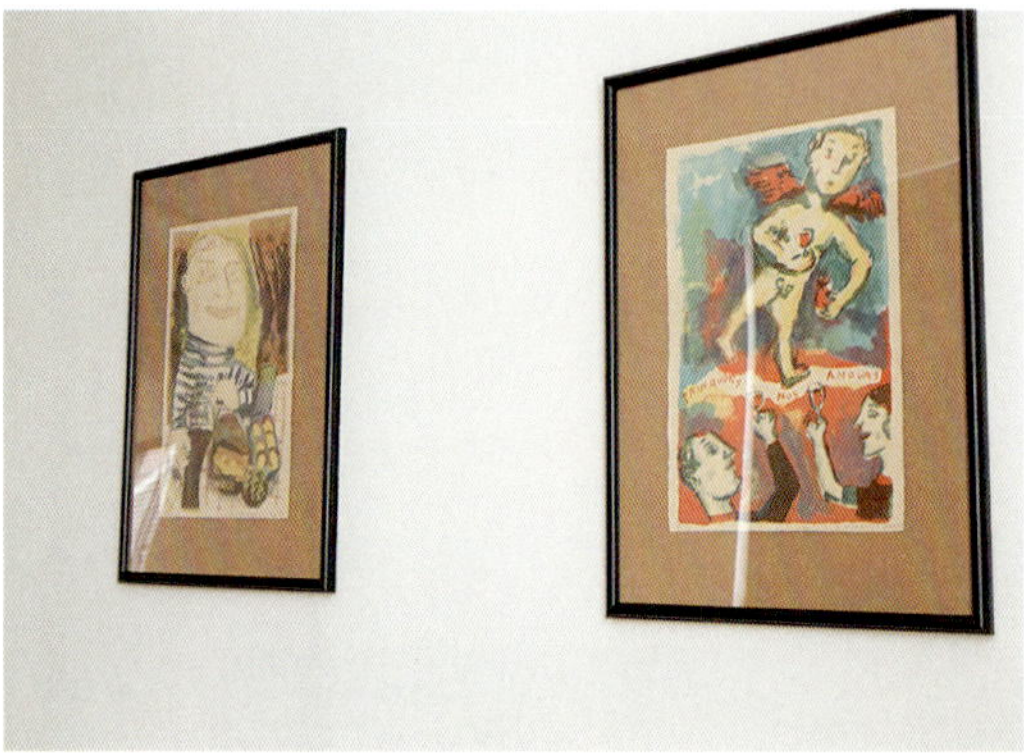

マシアス＆ナタリーの絵とは、1993年に彼らの初個展で出合った。現在ナタリーは、ナタリー・レテとして活動している。

愛用中の三種の神器。アライアのボディローション、ハンドクリーム、エレガンス ミシック ルージュ リュクス05。

My treasure

大切な人と犬の写真

「長く暮らしたパリを去るときに、仲のよい友人たちが作ってくれたアルバムが私の一番の宝物」と山井さん。溺愛していたラブラドールのドナルドの写真もフレームに収めて並べている。

水玉のトップスはt.yamai paris 2018年春夏コレクションのもの。前から後ろにかけての大きなフリルがチャーミング。サンダルは15年以上前のプラダのもの。

似合うものを熟知する筋金入りのフレンチシック上級者

ほどよい甘さとモダンさをミックスした、大人の日常着に定評のあるファッションブランドt.yamai paris。エレガンス、フェミニン、クラシカルがキーワードで、自分らしい着こなしを大切にする女性のための服だ。

フレンチシックは永遠

ミューズのようにこのブランドの服をチャーミングに着こなすのが、ブランドデザイナーでもある山井自子さん。ディテールや素材にこだわったトップスにベーシックなデニムを合わせるなど、いつも彼女ならではのフレンチシックスタイルを完成させている。

「自分に似合う服、バランス、色を大切にしています。好きなフレンチスタイルは、パリに暮らす前から変わらない」と言い、実際にパリに20年暮らした経験が山井さんのおしゃれのみならず、ライフスタイル全般にさらなる影響を及ぼした。

暮らしとおしゃれはイコール

「ファッション、料理、街並み、と、好きなところはたくさんあるけれど、一番好きなのは〝センス〟。自分好みのものがある場所なんです。また海外に住むならどこがいいか?と聞かれたら、即答でパリです!」。パリに長く暮らしてみて、ライフスタイル、暮らし方が素敵な人が本当のおしゃれ上手な人、と強く感じたそうだ。

「フランス人の一年はバカンスを中心にスケジュールを立てていると言っても過言じゃない。オンとオフの切り替えが上手なんですよね。丁寧に暮らし、いつまでも夢ややりたいことのある、素敵に年齢を重ねられる人でありたいなあと思います」と穏やかに語る。大好きなパリには、留学中の大学生の娘がいることもあって今でも時々訪れていて、その〝センス〟に浸っている。

また、山井さんのおしゃれには、赤い口紅も欠かすことはできない。

「とにかく淡い色の口紅が似合わないんです。なので、いつも赤い口紅に落ち着きます。今までいろいろ試してみたんですが、最近は、青みの少しある赤を愛用してます。顔色が明るくなって気分も上がるんです(笑)」

そしてクラフト調のアクセサリーも大好物で、かごやブローチなどをコーディネートのアクセントにすることも多い。シャネルバッグもカジュアルに愛用している。似合うもの、好きなものの選択にまったくブレがない。おしゃれの仕上げは20年ほど前にパレロワイヤル近くの小さなアンティークショップで見つけたロレックスとアライアのボディローション。香水は苦手なので、いつもお気に入りのボディローションの香りを身にまとって出かける。

30

小林千枝子

一級建築士

自分テイストの空間で、自分らしい装いを。現在、模索中です！

居間の一隅はワーキングスペース。曲線を活かしたデスクにパソコンを置き、ゆったりとした空間に。パンツはお気に入りのブランド、ファビアナフィリッピ。シャツにコットンセーターを重ねた、日常の装いだ。

こばやし・ちえこ

大学卒業後、一般企業にOLとして勤務。30歳で結婚。36歳でインテリアコーディネーターの資格を取得。建築業界で働きながら二級建築士、一級建築士の資格を取得。都心のマンションのリフォームなどを主に担当し、数多くの物件を手がけてきた。56歳で独立し、自分のペースで働く体勢を整えた。

1953 東京生まれ
1976 一般企業に就職
1984 結婚
1989 インテリアコーディネーターの資格を取得
1991 専門的知識を求めて二級建築士の資格を取得
1996 難関を突破し、一級建築士の資格を取得

愛猫ずーちゃんのために、寝室の窓枠の上に設えたキャットウォークと棚。滑り止めと肉球保護のため、フェルトを張ってある。

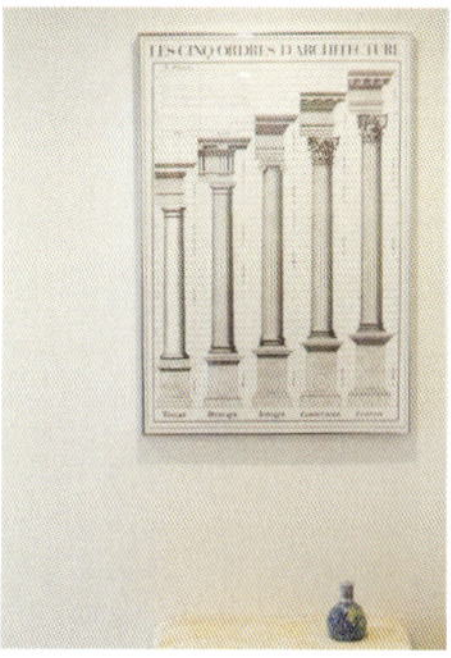

(上)デスク上には三角スケールや巻き尺など、建築士ならではのグッズが。(下)シエナで買った「5本の柱」という絵。〝エンタシス〟など、古代ギリシャ建築の柱が子どもの頃から大好き。「だから今、この仕事に就いているのだと思います」

自宅のリフォームのポイントは市松模様の床と、向かい合わせの壁にはめ込んだ鏡。空間が広々と感じられる。ピンクのトップスはオーダーで作ってもらった。

hair & make-up:Izumi Kamabayashi text:Mayu Okamoto

My treasure

ミケランジェロの本

最近、趣味で勉強しているのが、ミケランジェロ。彫刻家・画家であると同時に建築家でもあった彼の作品を見ていると、ワクワクするとか。展覧会でこの本を知り、日本未発売なのでドイツから取り寄せて手に入れた。大事なお宝だ。

夏は、きれいなプリントのワンピースを着ることが多くなった。「仕立ててくれる人と知り合い、面白い生地を売っているお店も見つけたので、いくつも作ってもらいました」

オフの日に出かけるときは、華やかなバッグで気分を上げる。手仕事が美しいジャマン・ピュエッシュのバッグがお気に入り。数個持っている中から気分によって選んでいる。

30年余り、インテリアのことばかり。これからは自分を磨きます！

小林千枝子さんの現在のパートナーは、愛猫あんず、こと、ずーちゃん。

「毎日私がブラッシングしているので、毛艶もいいでしょ？　お手入れって大切ですよね。自分にも手をかけなきゃって、最近痛感しています（笑）」

意地の〈一級建築士〉

「20代は普通のOLでした。でも世の中に突然、インテリアコーディネーターという仕事が出現して、私がやりたかったのはこれだ、と思ったの。30歳で結婚してから勉強し、資格を取って、インテリアの仕事に就きました」

楽しく働くうちに、専門的な知識が必要と痛感して、二級建築士の資格をゲット。さらに4年後、今度は超難関といわれる一級建築士を目指し専門学校に通って、試験には一発合格。

「男性の上司が『女は二級を持っていれば十分だ』って言うのが、納得できなかったんです（笑）。実際、インテリアやリフォームの仕事には、一級は必要ない。でもずっとこの仕事をしていくのなら、持っているほうがいいに決まってる。そう思ったんです。42歳で資格を取りました」

主な仕事場は都心の高級マンション。改装工事の現場に行くので、黒っぽいパンツスーツが定番だった。

「埃で黒がグレーになってしまって（笑）。それをはたき落として、今度はクライアントとの打ち合わせに向かうんです。ブレスレットは図面を書くじゃまになるし、ピアスは電話のじゃまになる。アクセサリーを着ける余裕もなく、色気も素っ気もない毎日でした」

これからは自由に

働きづめの毎日から解放されたのは、56歳で独立してから。そのとき、自分のペースで働く本拠地として、自宅の

ドライブが好き。愛車は建築家ならではの視点で選んだ、フォルムの美しいアルファ ロメオの白いセダン。一緒にどこへでも行く、よき相棒だ。休日はストレートのジーンズと着心地のよいニットで気の向くまま、時には遠出することも。

(上)大好きな〝雪の結晶〟のモチーフがついた腕時計とブローチ。(左)細いバングルは還暦の記念に、手首に合わせてオーダー。誕生石をはめ込みネイティブアメリカンの言葉で、〝希望がかなう〟と彫り込まれている。

マンションをリフォームした。

「床と天井は平凡だとつまらないので、天井はブルー、床は市松模様を斜めに使っています。あと壁の2カ所、向かい合わせに鏡をはめ込みました。一度、やってみたかったんです」

〃30年間、インテリアのことばかり考えてきた〃小林さんの美学の粋が、この空間に満ちている。

「どこに行っても、インテリアばかり見てきました。ローマでもパリでも、おいしいものを食べにレストランに行っても、気になるのは味より内装なんですよ（笑）」

話は冒頭に戻って、自分のお手入れにも、これからは積極的になる予定。

「本当は、自由で他人目を気にしない服装が好きなのに、仕事がら、控えていたんです。今はもう爆発してみたいのだけれど、長年抑えてきたから、どうしていいかわからない（笑）。いまだにおとなしい服ばかり着ています。これからは、今までの私とは全然違う服にも挑戦したいですね」

31

宮田喜代美

ホテル クアビオ オーナー

欠かせないのは品と遊び心の上質なさじ加減

My treasure

物語のある指輪

ボリュームのあるリングが好き。50歳のバースデーギフトのシトリン、叔母から受け継いだダイヤモンドをリフォームしたものや、パリの著名なデザイナー、ブリジット・エルメのデザインなど。

みやた・きよみ

ホテル クアビオ オーナー。ボストンの大学を卒業後、フランスに本社を置く、リゾート事業で知られるクラブメッドに入社。アジア、アメリカ、ヨーロッパ各国のクラブメッドに勤務。帰国後、父の会社を手伝いつつ、草津にホテル クアビオをオープン。知る人ぞ知る癒やしの場となっている。www.kurbio.com

1960 東京に生まれる

1982 アメリカ合衆国マサチューセッツ州パインマナーカレッジ卒業

1983 クラブメッド入社。世界各地のクラブメッドでPRなどを担当する

2009 ホテル クアビオを草津にオープン

2015 父の会社を受け継ぐ

hair & make-up:Izumi Kamabayashi text:Mari Katsura

青山のセレクトショップで出合ったブラウスとパンツで。ロイズ・アンティークスのアームチェアとラグも最愛のブルーを選んだ。

(右)愛用のバッグは、30年近く前のグッチ、セレクトショップでひと目惚れしたミリアム・シェーファーのブルーのもの、ハバナブラウンのオータクロアなど。(左)存在感のあるジュエリーは、SHINKSのもの。婚約指輪に贈られたときからの長いつき合いだ。

似合うものを知っているからブランドにとらわれない

社交的で快活な宮田喜代美さんからは想像できないが、長い間体調を崩していた時期があったという。

クアビオから美と健康を発信

断食、マクロビオティックなど、さまざまな治療法を模索して病を克服した自らの経験と、父親からの後押しも手伝って、一念発起。体の不調に悩む人々のための施設建設を実現させた。

「2泊3日でも心と体が癒やされる、駆け込み寺のようなウェルネスリゾートになればと、9年前に草津にオープンしたのがホテル クアビオです」と宮田さん。保養所でも道場でもない居心地のいい、極上の温泉リゾートは、またたく間に話題となり、リピーターに愛され続けている。

根底は自己流フレンチシック

宮田さんはボストン留学を経て、クラブメッドに入社。フランス語も身につけ、インドネシア、バハマ、フロリダ、ニューカレドニア、サンモリッツなどで暮らした経験から、海外に友人も多い。今でも年に2回は大好きなフランスを訪れ、着こなしのセンスも、フレンチベースの会社での海外生活で培われた部分が少なくない。

「学生時代は完全にポロシャツ、ボタンダウンシャツにチノのプレッピースタイルだったので、今でもラルフローレンは好きです。好きな色は紺とブルー。今回着ているシルクのドレスもそうなんですが、ワードローブのメインは毎シーズン頼りにしている、滝本佳代子さんの服です。ハイブランドと同じ生地を使っていたり、パリが大好きな彼女の服は飽きることがない。セミオーダーなのでフィット感も抜群で30代の頃からのおつき合いです」。ほかにもブランドにこだわらず、アパルトモン ドゥーズィエム クラスやザ シークレットクローゼットなどのセレクトショップに立ち寄ることも。

父の会社を継いで普段は東京に暮らし、月に2度のペースで草津のクアビオに通う。そのバイタリティの源は、美と健康への探究心。勢いを増すばかりで、定期的に通うジム、自宅でのパーソナルトレーニングに加えたAproのKAORUさんの筋膜をリリースするストレッチは目から鱗だったという。身体を知り、正すメソッドで体型が変わり、太らなくなった。体調もすこぶる調子がいいのだそう。15年前から続けている朝食のオーガニック野菜ジュースなど食にも流儀がある。最近注目しているのはヘンプシード。宇宙食にも採用されるビタミンやミネラルの栄養バランスのよい高タンパクのスーパーフードだ。宮田さんに会うと、不老不死も可能なのではと錯覚する。

細工の美しい桐だんすは、新宿の工芸展で見つけた。猫のリトグラフはバースデーギフト。紺のドレスの足もとはスニーカーで軽快に。

フレンチ、メキシカン、BBQなどテーマを決めて、ホームパーティを開くことも。バカラのアンティークなどグラス棚も圧巻。

朝食は毎日ヒューロムのジューサーで搾る、オーガニック野菜のジュース。この日はクアビオでもおなじみのにんじんジュース。

毎年少しずつ買い足している、パリのアスティエ・ド・ヴィラットの白い器。料理が映える美しいテーブルウェアだ。

(右)マウイ島で見つけた象のオブジェをフレームに収めて。鼻を上げた象が縁起物だから、と飾っている。(左)アミノ酸が豊富なスーパーフードと注目のヘンプシード(麻の実)にも凝っていて今年はヘンプ味噌も仕込んだほど。

撮影　宇壽山貴久子

デザイン　細山田光宣＋木寺 梓
（株式会社 細山田デザイン事務所）

取材・文　岡本麻佑
桂 まり
水田静子
博多玲子
平工京子

撮影協力　Say 若創り学教室

校正　折戸久美子・眞 良江・
奥村多栄子
（株式会社 文字工房燦光）

整理・進行　欠端 潤
（株式会社 DNPメディア・アート）

編集担当　野村英里

発行人　内田秀美

編集人　浅香淳子

暮らしも着こなしも
大人カッコイイ!

ずっと美しい人のおしゃれスタイル

「ずっと美しい人」編集部・編

2018年4月7日　第1刷発行

発行所：株式会社 集英社
〒101-8050　東京都千代田区一ツ橋2-5-10
☎03-3230-6393（販売）＊書店専用
☎03-3230-7755（読者係）

編集部（集英社インターナショナル）
☎03-5211-2632（編集）

印刷・製本所：大日本印刷株式会社

ISBN978-4-08-780839-1 C5077